# 看不見的影響力

# Invisible Influence

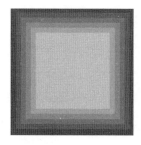

華頓商學院教你看清自己如何受影響，
做最好的決定

The Hidden Forces that
Shape Behavior

**Jonah Berger**
**約拿·博格**

許恬寧──譯

本書獻給喬登與柔伊

CONTENTS

CONTENTS

INTRO.

# 前言

首先，請各位想一個自己最近做過的決定，任何決定都可以，例如買哪種早餐穀片、看哪部電影、午餐去哪裡吃；或是更為重大的決定，像是跟誰出門約會、支持哪位候選人、這輩子要從事哪一行。

各位為什麼做了那個決定？為什麼最後挑了那個選項？

這個問題似乎很好回答，雖然答案五花八門，最終都指向同一個方向：你你你。你的個人偏好，你喜歡與不喜歡的人事物；你覺得某個人幽默風趣、魅力十足或許是不錯的男女朋友；某某候選人政治立場和你一樣所以選他。我們這樣選就是因為覺得這樣好，按照自己的意見與想法行事，答案太明顯了，根本沒什麼好講的。

然而實情並非如此。

人們自己往往沒發現，生活中絕大多數的面向其實深受他人影響。[1] 人們會投票，是因為其他人也投票；一旁要是有別人在吃東西，會讓人因此塞下更多食物；買新車，是因為鄰居最近也買了車。社會影響（social influence）左右著民眾購買什麼產品、挑選何種健保方案、在校成績以及職業道路；還影響是否存退休金、投資股票市場、捐錢、加入兄弟會、節約能源，以及是否接受新奇發明。社會影響甚至涉及人們是否參與犯罪活動、對工作滿不滿意。每個人九成九的事都受他人影響，很難找到不受影響的決定或行為。

事實上，社會影響隨處可見，生活中所有領域只有一個地方看不見社會影響。

我們以為自己免疫。

---

從前從前，我在加州帕羅奧圖（Palo Alto）騎著腳踏車，四處尋找街上的ＢＭＷ蹤影，就此展開「社會影響」的研究——他人影響我們行為的途徑。

帕羅奧圖是全球物價最昂貴的城市，股票選擇權和首次公開發行股票（ＩＰＯ）讓許多居民荷包滿滿，也造成物價飛漲，不管是房價或私立學校學費無一不高。高級跑車法拉利（Ferrari）和瑪莎拉蒂（Maserati）的展示處隨處可見；在好一點的餐廳吃飯，一個人兩百美元稀鬆平常。

尋找路上的ＢＭＷ就像找復活節彩蛋，沒有一定的方法，所以我靠一點直覺，以及大量運氣，緩緩穿梭於大街小巷，掃視足以辨認廠牌的車子造型與logo。遇到岔路時，我會停下來，猜究竟往哪個方向走比較可能找到BMW。或許是左邊的牙醫診所？牙醫一般都開好車，到那裡的停車場快速轉一圈好了。也或者是右邊的高級雜貨店？過去看看吧。

每找到一輛BMW，我就會伸手從郵差包掏出一張紙，小心翼翼塞進擋風玻璃。上面的內容不是修車廠折價券，也不是汽車美容廣告，我沒有要賣任何東西。

我要做的事，其實是和普林斯頓大學（Princeton）的艾蜜莉・普羅尼（Emily Pronin）教授，一起調查種種因素如何影響購車行為，包括人們認為哪些因素影響自己的購車決定，以及相同因素在多少程度上影響他人購買BMW。

我塞的問卷中除了價格、耗油程度、可靠度等標準購車原因，還問到社會影響。朋友的意見是否影響你買車的決定？BMW給人的印象酷不酷，或感覺是不是上流社會在開的車有沒有影響？[2]

每一位填答人都會回答兩次相同的問題，一次回答自己的情形，一次回答他們認識的另一位BMW車主的情形。朋友購買BMW的決定有多受車子價格與耗油程度影響？酷不酷或高級的形象是否也具備類似的影響力？[3]

我整天騎車繞來繞去，最後在一百多台BMW上留下問卷，還附贈回郵信封，請大家把答案寄給我。

接下來就是等。

——

第一天，我望穿秋水，眼巴巴等著郵差上門，但打開信箱時，只有失望等著我。箱底一堆不曉得哪來的折價券和家具公司型錄，一分問卷也沒有。

隔天，我要自己別太樂觀，慢慢走到信箱前，偷看一眼，還是沒有問卷。我開始擔心是不是大家都不想理問卷？還是信封被風吹走了？

到了第三天我如坐針氈，如果還是沒人回，就得出門再找新的BMW塞問卷，或是想想不同辦法。幸好，皇天不負苦心人！信箱終於出現我等的問卷，兩天前留在擋風玻璃上的白色小信封終於回來一封。

隔天又收到幾封回應，再隔天，又收到好幾封。可以開工了！我們依據答案，比較人們對自己與他人的看法，也就是「自己買BMW的理由」VS.「他人買BMW的理由」。

許多理由的兩組答案相當類似。不出所料，人們覺得「價格」與「耗油程度」等因素十分重要，不管是對自己或對別人來說都一樣。受訪者自己購買BMW時，價格是重要考量因素，而且認為其他人也深受價格影響。

然而評估社會影響力時，答案就不一樣了。不一樣的地方不在於受訪者認為社會影響重不重要；大家都認為的確重要，且還敏銳察覺每個人的購車決定都受朋友的想法影響，也受酷不酷、是不是社會地位高的人在開影響。受訪者毫不猶豫地指出，社會影響深深左右著人們買什麼車。

只不過，這個「人們」可不包括他們自己。

受訪者考量他人購買BMW的決定時，認為社會影響的效力很明顯，別人的品味受朋友看法與同儕壓力影響。

然而檢視自己購買BMW的決定時，嗟啦！社會影響不見了。受訪者覺得沒這回事，他們觀察自己的行為時，不認為社會影響有任何效力。

而且不只買車如此其他情境也一樣，不管是買衣服、政治議題投票或是開車有沒有禮貌，大家認為社會影響的確有影響。

然而說到自己就不同了，人們認為社會影響的確左右著他人的行為，但並未影響到自己。

一個可能的解釋是「社會期許」。或許人們不認為自己受他人影響，是因為受影響不是好事。社會告訴我們，要活出自我，不能受別人影響——不能當一起自殺的旅鼠，也不能當從眾的羊群。如果說受人影響不好，或許人們認為自己超然獨立，只是因為不想從負面角度看自己。

不過事情沒那麼簡單，在「被影響是好事」的情境中，人們依舊不願意承認自己受影響。

舉例來說，造訪不熟悉的地方時，入境隨俗被視為有禮貌的行為；還有替正式場合挑出席服裝時，隨性通常不是好事。然而即便是重視社會觀感是好事的情境，人們依舊不認為自己受影響。

除了社會期許在作祟，我們之所以不認為自己受他人影響，還有一個更隱而不顯的原因——我們真的沒感覺。

## 你是我的唯一……

你順利升上高三，爸媽為了慶祝這件喜事，決定是時候你該找分工作。你靠他們吃穿太久，以後想花錢，自己去賺。不用多，打點工就好，一週滾出家裡幾天，一天幾小時，培養堅毅性格，認識社會現實。

你只當過保姆、幫人割過草，沒有亮眼工作經驗，不過依舊在地方超市找到裝袋的兼職工作。這分工作不是太令人興奮，不過總比清肉櫃好。

你開始搞清楚各種紙袋和塑膠袋是怎麼一回事。休息時，剛好新來的同事也在，過去兩星期，你看到她在隔壁七號櫃檯幫忙裝袋，每次看到她，都覺得怎麼有人長得這麼漂亮。新同事向你自我介紹，跟你聊了起來，講到共同的主管，自己念哪所高中，還有她發現番茄怎麼包才不會碰傷。

隔週你又遇見新同事幾次，又隔週，又碰到了。你們開始有聊不完的天，很快地，你排班故意挑她在的時候，一邊工作一邊開心吹口哨，最後終於鼓起勇氣約她出去。

吃完兩百零七頓晚餐，散完九十二次長長的步，共度三次假期以及經歷一次短暫分手後，你們結婚了。這輩子攜手共度，世上不可能有人比她更合適。

---

靈魂伴侶的概念已有數千年歷史，柏拉圖在《會飲篇》（*The Symposium*）提到，人類最初有四隻腳、四隻手，一顆頭有兩張臉，不管往前走、往後走都很順，而且力大無

窮，威脅到理應掌管他們的眾神，於是神明決定想點辦法。

眾神討論各式各樣的辦法，有的神提出乾脆滅絕人類好了，杜絕後患，然而宙斯卻有更具創意的想法。人類平日會獻上各種貢品，何必趕盡殺絕？把每個人類分成兩半就好，給點教訓，削弱力量，懲罰他們的驕傲。

就這樣，每個人被從中對切有如被劈成兩半的木頭。

被一分為二的人類果然慘兮兮，傷口癒合後依舊想找回另一半，永遠在尋找能讓自己完整的另一人。

---

柏拉圖之後的年代，人間滄海桑田，但我們依舊認為每個人都有獨一無二的真愛。這年頭交友軟體「Tinder」的翻牌（swipe）或許取代了情書，上床或許取代了用心追求，但大部分人依舊相信，在世上某個角落，真命天女或真命天子正等著自己，珠聯璧合，美玉成雙，某個地方有某個人可以讓自己完整。那個人是我們失去的一塊拼圖，我們的完美組合。R&B情歌和浪漫喜劇也一再加深這種印象，如果戀愛不順，沒關係的，只是尚未遇到靈魂伴侶而已。

各位如果去看報紙的結婚啟示，或是問已婚人士如何認識彼此，大部分的答案很類似：**自從我遇見他的那一刻起，我就知道……別人從來不曾讓我有那樣的感覺……我們之間有火花，我知道就是她了。**

多數人不喜歡其他可能性，想惹惱幸福的已婚朋友嗎？那就告訴他們，就算他們換人結婚也同樣快樂。

我們的另一半或許不完美，但他們是我們的真愛，我們百分之一百一十確定，這世上沒別人了。

我們全是拿著玻璃鞋的王子，找著世上唯一合腳的灰姑娘。

---

然而，如果研究多數美國人尋找未來伴侶的方法，答案很有趣。美國人口超過三億兩千萬人，扣除已婚的，剩一億六千萬人；要是只喜歡一種性別，大約剩八千萬人可能是你的命中註定。

八千萬人中，有的年齡不對，有的支持錯誤政黨；或是媽啊！居然有人喜歡波卡舞曲（polka）。然而即便篩選掉不合適的人選，依舊還剩數百萬人，我們潛在的真命天女或真命天子可真多。

如果以全世界人口來看，篩一篩，選一選，更是有數億人可能是命中註定的那個人，任何人都可能是你的靈魂伴侶。

然而要是研究人們實際上在何處碰到自己未來的另一半，範圍其實十分狹窄。超過三分之一的美國人，在兩個地方認識自己未來的老公老婆：工作地點或學校。[4] 這種結果不令人意外，畢竟人們一生花很多時間工作與念書，愛上不曾謀面的人又有點難度。

想一想這是什麼意思。好吧，或許每一個人，的確就只有一個真命天女或真命天子，數億人之中，就只有一個靈魂伴侶；那麼剛好隔壁櫃檯同期進來的同事就是靈魂伴侶的機率有多高？所有人都那麼幸運嗎？

---

理查・莫蘭德（Richard Moreland）教授在匹茲堡大學（University of Pittsburgh）開設人格心理課程，跟許多大學課程一樣，教室位於扇形階梯大講堂，可以容納近兩百人，學生主要是大一新生和大二生，有幾個大三、大四也混在裡頭。一半男

生，一半女生，有的是體育健將，有的是阿宅，有的不愛念書，但也有超拼命的那種人。

心理學的課，學生如果參與學術研究通常可以加分，莫蘭德教授的課也不例外。學期末，大家被問到願不願意填寫一分簡單問卷，多數人都說好。

問卷內容很簡單，男同學和女同學會看到A、B、C、D四名女性的照片，接著要回答幾個問題。他們覺得A、B、C、D多有魅力？想跟她們多相處嗎？想不想成為朋友？

A、B、C、D看起來差不多，就是一般的大學生，年齡相仿，穿著隨性，就像整學期坐自己旁邊的那個人。

事實上，還真的是。莫蘭德教授班上的學生，不知不覺成為一場精心設計實驗中的一部分。

問卷中的四名女性整學期都假扮成學生，跟大家一起上課。她們會在上課前提早幾分鐘到教室，慢慢走到前排，也就是最多同學能看到的位置。上課時，她們安靜聽課記筆記，下課時收拾東西，跟大家一起離開教室。除了沒有真的選課外，和其他學生沒兩樣。

一個比較重要的細節，是這四位女生上課的次數不一樣。莫蘭德教授的課一學期要上四十次，A女從來沒去上課，B女去五次，C女去十次，D女去十五次。

當然每個人喜歡的類型不同，有的人喜歡金髮，有的喜歡棕髮，有的女生喜歡「高黑帥」的男生，有的則有不同偏好（這對矮、白、不帥的朋友來講，真是一大福音）。

A、B、C、D四人在不同學生眼中自然看起來也不同。有的人覺得A女很有魅力，有的則喜歡C女；有人被B女的眼睛吸引，其他人則覺得D女比較漂亮。

然而雖然每個人看法不同，大家的回答還是出現明顯模式。比較常來上課的女孩更有魅力。同學覺得來十五次的人，比來十次的人有吸引力；來十次的，又比來五次的人好；而五次又勝過零次。

常常見到一個人，讓人更喜歡他們。

---

各位可能會想，搞不好只是上十五次課的那個女生剛好長得比較漂亮，天生比較有魅力。不過沒這回事，沒上過那堂課的人認為四個女生魅力值一樣，如果少了見面次數的差異，四個人看起來一樣。

那會不會是因為常上課的人跟大家感情比較好？也不是，假扮成學生的實驗人員上課時，從不和其他學生互動，口頭或非口頭的都沒有。

學生會特別喜歡某幾個女生是因為比較常看到她們。一切只因為在班上多見過幾次，學生就會感到常上課的人比較有吸引力，也因此更想認識她們。

「日久生情」的概念乍聽之下不太可能，然而數百場實驗都證實這種現象。不管是大學紀念冊上的大頭照、廣告語、虛構的字詞、果汁，甚至是建築物，人們見過的次數越多就越喜歡，只要熟悉了就會喜歡。[5]

多看幾遍喜愛程度就會增加本身已是有趣現象，不過還有一件事更值得探討——我們根本渾然不覺。

當莫蘭德教授的學生被問到以前是否見過問卷上的人，幾乎沒人知道自己看過。要是被問到見面次數多是否影響他們的看法時，學生眼睛瞪大，好像問問題的人瘋了。當然沒**影響，怎麼可能多見到某個人幾次，就覺得那個人更有魅力？**然而事實上的確會。

我們在不知不覺中，跟莫蘭德教授的學生一樣，低估自己受社會影響左右的程度，原因是我們根本沒發現自己被影響。

我們尋找自身行為受社會影響左右的證據時通常找不到。我們沒察覺自己被影響就以為沒這回事，然而看不見，不代表不存在。

## 不知不覺被說服

接下來跟大家玩一個記憶測驗小遊戲，一共有七個詞彙，看看你能記住多少個，慢慢來沒關係。

魯莽
家具
自負
角落
孤傲
釘書機
固執

開始接受記憶大挑戰之前，請各位先做另一件事。以下這個段落介紹唐納這個人，請先讀完這段話，回答唐納的個性。

唐納花非常多時間追求自己口中的刺激：攀爬麥金利峰（Mount McKinley），在科羅拉多湍流中划獨木舟，在撞車比賽中（demolition derby）被追趕，還駕駛噴射艇——即使他對開船一無所知。唐納多次受傷，甚至和死神擦身而過，然而最近又開始尋求新刺激，這回想嘗試高空跳傘，駕駛帆船穿越大西洋也不賴。唐納平日的舉手投足，讓人一看就知道他自認有能力做好許多事。除了生意上的往來，他很少和人接觸，覺得自己毋須仰賴任何人。一旦下定決心做一件事，就沒有回頭路，不管得花多少時間、不管多困難都一樣。就算回頭是岸，他極少改變心意。

各位以前沒見過唐納這個人，但如果請你依據以上的敘述，用一個詞彙描述他，他是什麼樣的人？

———

被問到這個問題時，多數人用有點負面的字眼形容唐納，覺得他魯莽，有點自負。開帆船橫越大西洋十分危險，而且「自認有能力做好許多事」這句話聽起來，就是個自大狂。有的人說唐納固執（不肯改變心意），有點孤傲（因為他不靠任何人）。各位如果也把唐納描述成一個負面的人，就跟一般人的答案一樣。

然而要是我事先請各位背下不同詞彙，又會發生什麼事？如果不是給剛才那幾個詞彙，而是完全不同的詞組，一樣的人物敘述，不一樣的記憶清單，你對唐納的看法會因此改觀嗎？

有人說：當然不會，畢竟那個隨機的詞彙表和唐納這個人又沒關係，完全不相干。既然描述唐納的那段話沒變，看法也會跟先前差不多。

但這是錯的。

事實上，如果先請受試者記住「冒險」、「自信」、「獨立」、「堅毅」等詞彙，大家會對唐納抱持不同看法，變成一個具備正面形象的人。穿越大西洋不再是有勇無謀，而是勇於冒險犯難；不需要他人不再被視為孤傲，而是性格獨立。

同樣的唐納，完全不同的看法，怎麼會這樣？

人們一邊想著不同詞彙，一邊讀到唐納的事，看法無意間扭曲，字詞引發大腦中不同概念，接著這些概念又影響到對唐納的觀感，一切發生在渾然不覺中，被潛意識帶著走。

## 看不見的影響力

本書要談他人如何以簡單、無法察覺，且通常意想不到的方法影響著我們的行為。

提到「科學」時，大家通常聯想到物理化學、試管、顯微鏡、雙螺旋分子；或者在實驗室裡，人們穿著白袍，寫滿方程式的黑板上，有難以辨認的字跡，好像是火星人寫的……得是個天才，才有辦法看懂叫「科學」的東西。

然而科學不只發生在光鮮亮麗的實驗室，也發生在每天所有人周遭。

有人拍拍我們的肩膀時，我們會做出風險較高的決定；我們把孩子取名為「Mia」，是因為「Madison」與「Sophia」這兩個名字最近很流行。就連陌生人，或是我們從沒親眼見過的人，也影響著我們的判斷與決策，例如一模一樣的福利政策，由民主黨提出，還是共和黨提出，我們的態度大不相同。

如同原子彼此撞擊，社會互動不斷形塑我們是誰、我們做些什麼。這樣的科學——社會科學——決定了長輩替我們取的名字，以及你為什麼拿起這本書。

不過社會影響不只造成我們做跟別人一樣的事，它跟磁鐵一樣，會相吸，也會相斥。

有時身邊的人做什麼，我們就跟著做；然而有時我們卻會因為別人做，就刻意不做，不想跟別人一樣。如果哥哥姊姊是家中聰明的那一個，我們則會改當開心果；我們會避免在路上按喇叭，因為不想當亂按喇叭的那種人。

我們何時模仿他人，何時又避免做同樣的事？什麼時候同儕讓我們更努力，什麼時候又讓我們想放棄？在家中、在職場上，這一類的事又會對我們的幸福、健康與成功造成什麼樣的影響？

本書將探討他人影響我們的各種方式，解答剛才提到的問題。過去十五年來，我在優秀研究同仁的協助下，研究「社會影響」的科學，在擔任賓州大學華頓商學院（University of Pennsylvania's Wharton School）教授期間，做過數百場實驗、分析數千場競賽、檢視數百萬次購物行為。我的研究題目五花八門，例如鄰居買新車會不會增加我們買車的機率，以及落後會不會反而讓NBA球隊最後更可能贏……。我的研究主軸是**「看不見的影響力」**（Invisible Influence），根據大量的調查發現，可以得知究竟是哪些隱形因素影響了行為。

本書的第一章探討人類喜歡模仿的天性。為什麼明知道答案不對，還是跟別人一起答錯？為什麼一樣是有氣泡的水，你叫它「蘇打水」，我卻說是「氣泡飲」？為什麼模仿他人可以增進談判功力？為什麼社會影響讓《哈利波特》（*Harry Potter*）等書意外暢銷，跌破專家眼鏡？

第二章則檢視為什麼我們有時想跟別人不同。人們有時喜歡跟風，但太流行的時候反而討厭。這章會帶大家看為什麼運動明星大多有哥哥姊姊？為什麼嬰兒長得都一樣（除非是自己的孩子）？為什麼有人喜歡出風頭，有人則保持低調。

第三章開始解釋為什麼人類有各種自相矛盾的傾向。我們會模仿別人，還是刻意不一樣，端看那個「別人」是誰。本章會討論為什麼高價商品不喜歡露logo？為什麼廠商付錢給明星，求他們「別」穿自家的衣服？為什麼有人花三十萬美元買不能看時間的手錶？為什麼膚色會影響學校表現？還有為什麼小青銅蛙是動物界的詐騙集團？

第四章會討論舊人好還是新人好，以及獨樹一格的價值。為什麼國民車款比較多人買？雞和第三十屆美國總統的共通點為何？為什麼颶風影響爸媽替孩子取什麼名字？以及為什麼第一次看現代藝術可能嗤之以鼻，但多看幾幅畢卡索或康丁斯基（Kandinsky）的作品後，突然順眼起來？

第五章解釋社會影響如何影響動力。為什麼身旁有人，我們跑步速度變快，停車技術卻變差？為什麼最可能讓民眾環保的方法大概是跟鄰居較勁？關於競爭，蟑螂能教我們什麼？為什麼中場休息時落後，更可能打贏職業籃球賽？

看下去之前先講一件事，以及拜託大家一件事。

本書提到的科學，可以應用在各種實務問題（過去已有例證），像是瘦身、提升工作效率、保護環境以及讓產品與點子流行起來。

我誠摯盼望各章節將帶給各位應用的靈感，運用社會影響的概念，改善自己與他人的生活。各章的結尾以個人（與公司）經常碰到的問題為例，探討如何運用社會影響解決包括何時該隨俗，何時又該走出自己的路？以及如何增加影響力？如何促成更成功、更有意義的社會互動。

要拜託各位的事，則是這本書將探討社會影響如何以意想不到的方式帶來影響。大家看到出乎意料的研究結果時，很容易認為自己是例外——盲從是很常見的事，**大家都會，但我不會。**

我們自認不受影響，但其實影響一直都在，因此請保持開放的心胸，了解得越深，就越能掌握社會影響的力量。我們全都以為自己超然獨立，不人云亦云，然而事實上……

# 1

# 別人都這樣，那我也一樣好了

## Monkey See, Monkey Do

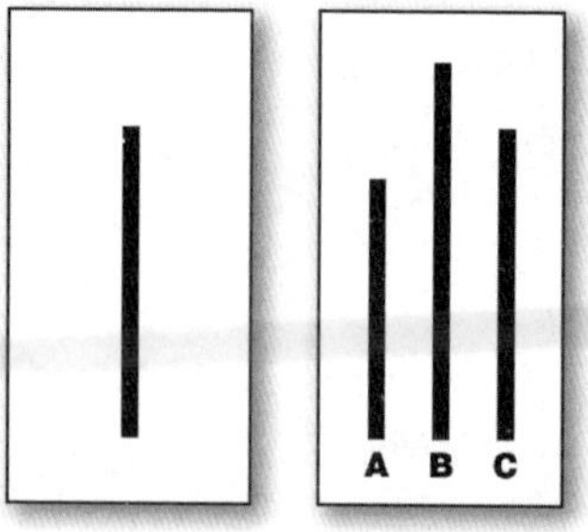


要找出兩條線哪條比較長，根本易如反掌，對吧？

想像一下，你正在做簡單的視力測驗，面前有兩張卡片。左邊那張印著一條線，右邊則有A、B、C三條長短不一的線。

任務很簡單，請找出右邊哪條線和左邊一樣長。選一條吧，A、B、C三條線哪條跟左邊一樣長？太簡單了，對吧？

好了，接下來多點花樣，你不是單獨做這個實驗而是和一群人一起做。

你走進大學校園一棟平凡無奇的建築物，爬樓梯到B7教室。裡頭已經有六個人分據一張方形桌子的三邊，你走到唯一還有空位的那一邊，拉出一張椅子坐下。

實驗人員告訴大家指示，再講一遍任務是找出右邊的卡片上，哪條線的長度最接近左邊的線。大家要從上圖那樣的卡片中，做幾道題目。由於人不多，要挑的卡片又只有幾組，等一下請大家依序說出自己的答案，實驗人員會一一記錄在表格上。

實驗人員指著桌子左邊紅頭髮的人，請他先開始。他穿著灰襯衫，年約二十五歲，看著上頁兩張卡片，一下子做出判斷：「答案是跟Ｂ一樣長」。下一個回答的人年紀似乎比較大，可能二十七歲上下，穿得比較休閒，不過也和第一個人一樣，說答案是「Ｂ」。第三個人也說是Ｂ，第四個人也是，第五個人也是，接下來輪到你了。

實驗人員問：「你的答案是什麼？」各位會挑哪一條？

——

心理學家所羅門・阿希（Solomon Asch）在一九五一年設計這個線條長度實驗時，想測的其實不是人們的視力，而是證明某個人錯了。

幾年前，另一位心理學家穆札費・謝瑞夫（Muzafer Sherif）做過類似實驗，想了解團體規範是怎麼一回事，也就是團體中的成員是如何演變成以相同方式看世界，最後的實驗結果出乎意料。[1]

謝瑞夫讓受試者處於一個不尋常的情境，在黑漆漆的房間裡，牆上投影著光點。他請受試者看著光，視線儘量不要挪開，接著問光點移動了多少距離。

牆上的光點其實完全沒動。

然而暗室中的人都覺得光點似乎微微移動了一丁點距離。在接近全黑的室內盯著一個小光點，聽起來容易做起來難，瞪視一陣子之後，眼睛會疲勞、視線會不自覺閃爍造成固定的光點好像動了。

謝瑞夫研究這種「自動效應」（autokinetic effect）現象的目的，是想知道人們感到不確定時會如何倚賴他人。

他讓受試者一開始先獨自待在暗室，每個人依據自己認為光點移動多少距離選出一個數字。有人覺得是五公分，有人覺得是十五公分，每個人估計的數值差很多。

接下來，謝瑞夫讓同一批受試者分組。

這次不是獨自一人猜測移動距離，而是兩三個人同時待在房間，每個人預估的數字同組的人也聽得見。

受試者不必認同其他人判斷的距離，可以自行回答。然而當多位受試者共處一室時，原本五花八門的答案，突然間變得差不多。有別人在的時候，大家會朝同一個方向猜，原本單獨回答時，A說五公分，B說十五公分。但A和B一起回答時，兩人的預測立刻出現交集，A增加自己的預估，例如從五公分，變成八公分左右。B則減少，從十五公分改成十公分。

人們的答案會配合身邊的人。

大家在不知不覺中出現這類從眾行為，但謝瑞夫問受試者，他們的答案是否受其他人的判斷影響，多數人回答「沒有」。

此外社會影響強大到就算再度回到單獨判斷的情境，人們依舊受影響。謝瑞夫在小組一起回答後，又拆開大家，讓每個人獨自猜距離，然而就算不再有團體，人們依舊給出與團體回答時類似的答案。如果是身邊有人時增加預測的人（例如從五公分增加至十公分），就算回到單獨一人的狀態，依舊增加猜測數值。

團體帶來的影響一直持續。

謝瑞夫的研究結果引發爭議；真的別人做什麼我們就跟著做什麼嗎？我們難道是無腦機器人，盲從別人的一舉一動？獨立精神和自由思考的概念似乎受到挑戰。

然而阿希不相信這個研究結果。

阿希認為，之所以出現從眾現象，只不過是謝瑞夫設定的情境造成的影響。猜測光點移動多少距離不同於問喜歡可口可樂或百事可樂，也不同於貝果喜歡塗奶油還是奶油乳酪。多數人不曾判斷過光點距離，甚至想都沒想過要做這件事，且無從判斷正確答案。這問題並不容易，過於困難。

總而言之，謝瑞夫的情境充滿不確定性，而人們感到不確定時，依賴他人是很自然的行為。其他人的看法提供了資訊，感到不確定時，何不作為參考？我們不曉得該怎麼做的時候，聽別人的意見從善如流相當合理。

阿希為了測試人們之所以從眾是否是因為答案不確定，所以設計了不一樣的實驗。這次不把受試者放在答案不確定的情境，而是在立刻就能輕鬆知道答案，不需要仰賴他人的情境，改看答案確定時人們會怎麼做。

線條長度是絕佳的實驗選擇，就算視力差，也能找出正確答案。或許得瞇著眼看一下，但答案明擺在眼前，不用別人講，也知道哪兩條線一樣長。

阿希假設如果答案明顯從眾行為就會減少，而且是大幅減少。另外為了加強實驗效果，他也操縱小組反應。

每一組都有一位真正的受試者，其他人則是演員。每位演員說出預設答案，有時是正確答案，選出右邊真的跟左邊一樣長的線，其他時候則口徑一致地講出錯誤答案，例如答案顯然是C的時候，大家都說是B。

阿希選擇做線條長度實驗是認為可以減少從眾現象，真正的受試者看得出正確答案，因此就算旁人給出錯誤答案，也應該沒差。人類獨立自主，應該是看到什麼，就說什麼，或許會有一兩名受試者一時動搖，但多數人應該都會回答正確答案。

然而正確答案並未如預期出現。

實驗結果完全超乎想像。

從眾現象大勝，七五%左右的受試者，至少有一次跟大家講一樣的錯誤答案。雖然多數人並未每次回答時，都回答跟他人一樣的答案，但平均而言，有三分之一的時候會從眾。

雖然受試者自己的眼睛已經告訴他們正確答案，受試者依舊會回答團體的答案。雖然清楚知道團體是錯的，依舊會跟著團體走。

阿希錯，謝瑞夫對，就算答案清楚擺在眼前，人們依舊人云亦云。[2]

## 從眾的力量

想像炎熱的一天，天氣熱到不行，連鳥都不叫，你快渴死，跑到附近速食店買冰飲料。你走向櫃台，店員問你要點什麼。

如果你想點甜的、有汽泡的飲料，你會怎麼點？你會跟店員說什麼？如果要填空「請給我一杯＿＿＿」這個句子，你會講什麼？

答案要看你在哪裡長大。紐約人、費城人、美國東北部的人大概會講「蘇打水」（soda）；明尼蘇達州、中西部人、在美國大平原區長大的人會講「氣泡飲」（pop）；亞特蘭大、紐奧良、大部分的南方人則會點「可樂」（Coke），就算他們想喝的其實是雪碧也一樣。

（各位下次造訪美國南方時，可以試試看點「可樂」，店員會問你要哪種可樂，你再講要雪碧、Dr Pepper、沙士或是一般的可樂）。*

我們的成長地點以及我們身邊的人遵守的做事方法，影響著我們每一件事。我們講的話、做的事，通通受影響。孩子會跟著父母信教，大學生養成跟室友一樣的讀書習慣；不管是做簡單的決定（例如要買哪個牌子），或影響較大的決定（例如要走哪一條職涯道路），身邊的人做什麼，我們通常跟著做。

模仿是非常基本的天性，不只是人，就連動物也一樣。

長尾猴（vervet）是一種可愛的小型猴類，最常在南非出現蹤影，體型跟小狗差不多。牠們有淺灰色身體、黑臉，肚子有一圈白毛，生活在十隻至七十隻的群體之中，公猴性成熟後會離開原生群體，另尋出路。

科學家經常研究長尾猴，原因是牠們跟人類很像，同樣會壓力過大與焦慮，甚至跟朋友喝酒或酗酒。大部分的長尾猴跟人類一樣，喜歡在下午喝酒，不會早上就喝，但酗酒的

---

*或是想像你在辦公室和同事聊天，你要出去吃午餐，但有人有工作要趕不能一起去。你出於禮貌，問要不要幫忙買什麼，此時你會怎麼問——面對兩個以上的人，你會怎麼講？下面的句子你如何填空：「——要我幫忙買嗎？」答案似乎很明顯，主要還是看你身處何方。如果是美國西部或東北部的人，一般會講「『大夥』（you guys）要我幫忙買嗎？」南方人會講「大家」（y'all）；肯塔基人會講「你們大家」（you all）；費城或波士頓人甚至會說「『你你你』（youse）要幫忙帶嗎？」

長尾猴一早就開始喝，有的還喝到不省人事。

研究人員做過一個很妙的實驗，訓練野生長尾猴避開某些食物[3]，方法是給牠們兩盤玉米，一盤粉紅色，一盤藍的。其中一組猴子吃到的粉紅玉米，被科學家預先浸泡過有苦味、令人退避三舍的液體，另一組則反過來——藍色難吃，粉紅色正常。

之後猴子漸漸避開難吃的玉米，一組避開粉紅色，一組避開藍色，如同美國東北稱汽水為蘇打，中西部叫氣泡飲，兩組猴子開始建立各自的常規。

不過科學家不只想制約長尾猴，真正的目的其實是研究社會影響。沒經過訓練、剛加入團體的猴子會發生什麼事？

研究人員拿走染色玉米幾個月，等待新一代小猴出生，接著再次把粉紅色與藍色玉米放到猴子面前，但這次不故意添加難吃的味道，粉紅色和藍色都一樣好吃。

小猴子會怎麼選？

理論上，粉紅色和藍色都好吃，小猴子應該兩種都吃，但實際上不是如此。雖然染色玉米難吃時牠們都還沒出生，但牠們會模仿自己身處的團體，如果猴媽媽不吃藍玉米，小猴也不吃。有的猴寶寶甚至一屁股坐在大家不吃的染色玉米上，不覺得那是食物，只吃另一種顏色。

從眾的力量很強大，甚至在猴子換組別時，也會換顏色。有些年紀大一點的公猴，剛好在實驗過程中轉換群組，從「不吃粉紅玉米組」，換到「不吃藍色玉米組」；有些則從「不吃藍色組」換到「不吃粉紅色組」。而這些公猴換群組生活後，食物偏好就變了，入境隨俗，新團體習慣吃什麼就跟著吃什麼。

我們可能從小到大都叫灌進二氧化碳、嘶嘶作響的飲料為「蘇打水」，但搬到美國其他地區後，說話用語就會跟著變。跟一群習慣說「可樂」的人一起生活兩年後，我們可能跟著叫可樂，跟猴子一樣，看到別人做什麼，就跟著做什麼。

## 為什麼人會從眾

幾年前，我為了一個顧問案飛到舊金山。各位要是去過灣區，就知道當地氣候變化多端，夏季沒有夏季的炎熱，冬季沒有冬季的嚴寒，但也並非四季如春，你永遠不知道自己會碰上什麼天氣。十一月可能攝氏二十一度，七月可能十度，有一句常被誤歸給幽默作家馬克・吐溫（Mark Twain）的名言說：「我這輩子最冷的冬天，就是在舊金山的夏天碰到」。

我那次去舊金山，恰巧是十一月。由於是從東岸過去，帶上厚重冬衣，然而抵達當地準備出門的第一個早上碰上了難題——要不要穿外套？我看了一下氣象報告，得知氣溫可能介於攝氏十四度至十七度左右，但還是不確定該怎麼穿，這個溫度聽起來恰巧介於「會冷」和「還算暖」之間，要怎麼做才好？

我沒靠自己亂猜，而是運用前人的方法——看窗外的人怎麼穿。

不確定怎樣做才對的時候，我們會看別人怎麼做，以停車為例，要是繞了半天依舊找不到地方停車，突然發現有一條街空蕩蕩的，萬歲！然而一時的興奮，立刻變成猶豫：如果這裡都沒人停，或許我也不該停，搞不好是要辦什麼活動，所以才淨空，停了會被開單。

不過要是那條街空雖空，依舊停著一兩輛車，我們就會安心，覺得可以合法停車。

不曉得要買哪種狗食？小孩不曉得該送去哪家幼兒園？先看看別人都怎麼做就有頭緒了。可以跟養了類似品種的狗主人聊一聊，問一問體型、活力旺盛程度和自家毛小孩差不多的狗狗應該吃哪種食物。或是可以和別的家長聊一聊，得知哪間學校有合適的師生比，學習與遊戲並重。

如同受試者依據他人的說法估算暗室中光點移動的距離，我們經常仰賴他人提供實用資訊，做出更佳選擇。

靠別人提供資訊，可以省時、省力，不需要每週給家裡的來福換不同牌子的狗食，也不需要花數天時間仔細研究附近所有的幼兒園資訊。其他人提供實用捷徑，經驗法則可以簡化決策流程，如果大家都這麼做、這麼選、喜歡這樣，代表一定很不錯。

---

然而如同線條長度實驗，模仿不只是為了取得資訊，當我們明顯知道答案時，別人的做法依舊影響著我們，社會壓力仍會起作用。

假想一下，你和一群同事到一家高級餐廳吃大餐，公司最近業績很不錯，老闆帶大家去慶祝。那是一家美式創意料理餐廳，同時融合舊傳統與新料理，家常菜起司通心麵變成加龍蝦，豬肉醬汁改用鮪魚做，開胃菜很美味，主菜超棒，大家一邊喝酒，一邊聊天，享受美好夜晚。

接下來到了點咖啡和甜點的時間，這家店的甜點非常有名，墨西哥萊姆派令人食指大動，但雙倍超濃巧克力蛋糕也不錯。太難選了！先讓別人選好了，你需要一點時間決定。

然而出乎你的意料，沒人要吃甜點。

第一位同事說她太飽就不點了，第二位同事說自己在減肥也不吃，接著桌邊的人一個接著一個說自己也不點。

輪到你了，服務生問：「您要甜點嗎？」

這個情境很像阿希的線條長度實驗，你其實知道自己要什麼——你想點甜點，而且是巧克力蛋糕和墨西哥萊姆派都各來一分——就像你知道哪條線是正確答案。別人提供的資訊，並不能協助你做出更好的決定，即便如此，你還是覺得就別點了吧。

多數人希望別人喜歡自己，希望被視為團體的一分子，至少不要被排擠。就算不是人人都愛我們，至少我們在乎的人要能接納我們。碰過打籃球最後才被挑進隊裡，或是唯一沒受邀參加婚禮的人，都明白被排除在外的滋味讓人多不好受。

點甜點也一樣。你當然可以當唯一點了誘人美食的人，沒有人規定不能一個人點甜點，然而只有自己一個人點，卻感覺怪怪的，搞不好其他人會覺得我很自私，只有我一個人跟別人不一樣似乎不太好。

因此多數時候人們會從眾，既然前面每一個人都沒點，還是別點了，團體怎麼做，就跟著怎麼做。

不過除了資訊與社會壓力兩項因素，人們從眾還有另一個理由。

## 變色龍與模仿技巧

有時我看著鏡裡的自己，覺得像別人的臉在回望。多數人的長相都是雙親的混合體，有爸爸的鼻子、媽媽的眼睛、爸爸的下巴線條、媽媽的頭髮。

不過我看著鏡子時，尤其是剛剪完頭髮的話，我看見我哥。我們兩個人只差五歲，長得很像，臉型像、嘴巴像，我的頭髮比他捲、顏色也更淺，但五官是一個模子刻出來的。

基因顯然在長相中扮演重要角色，同父同母的兩個人，主要的基因組成十分類似，顯性特徵湊一湊，兄弟姊妹有時長得像雙胞胎。

不過基因不是手足長得像的唯一原因，就像夫妻也會有夫妻臉，雖然兩人沒有血緣關係，臉卻看起來相似。如果比較一對夫婦，以及兩個隨機配對的人，結婚組彼此長得比較像。

夫妻之所以相像，原因之一是「同類婚配」（assortative mating）。大家結婚時，大多找年齡差不多、國籍一樣、種族背景差不多的另一半。瑞典人大多和瑞典人結婚，二十多歲的人和二十多歲的人結婚，南非人和南非人結婚，俗話說得好，物以類聚。

此外人們喜歡跟自己長得像的人。如果你自己是鵝蛋臉或顴骨突出，你會覺得鵝蛋臉或顴骨突出的人比較具有吸引力，這和前文講的「看久了喜愛程度會增加」的現象有關。一切的一切會讓我們找至少跟自己有點像的人結婚。

不過事情還不只這樣，伴侶在一起的時間越長，就會長得越像。兩人剛在一起的時候，或許看不太出來哪裡像，然而一年又一年過去後，像的地方會開始明顯，就好像兩張臉逐漸變成一張臉。結婚二十五年後，夫婦會越來越像異卵雙生的兄弟姊妹。

老夫老妻會長得像，或許是年齡的緣故，或是生活在相同的環境之中，不過即便控制相關因素後，夫妻相像的程度依舊超乎想像。

夫妻臉的背後，有一個偷偷起作用的因素[4]：人感到開心、難過或是各種其他情緒時，面部肌肉會伸縮成符合情緒的表情——開心時微笑，難過時皺眉，生氣時眉毛都要打結了。

雖然表情稍縱即逝，多年重複做表情依舊會在臉上留下印記，如眼睛周圍的魚尾紋通常也稱為笑紋，因為和微笑有關。這跟摺紙的道理一樣，摺越多次，痕跡就越深。

不過除了發自內心的情緒，我們還模仿身邊人的表情，如果朋友講笑話時大笑，你大概也會跟著笑，如果朋友講難過的事，你的臉也跟著難過。

情緒模仿最常發生在已婚伴侶身上，伴侶花很多時間互看、互聽。如聽工作上發生什麼事，或另一半大老遠跑去一家店，卻發現人家已經休息了，你可以懂那種討厭的感覺。

就這樣，夫妻不只生活在相同空間、吃相同食物，還共享情緒——一起笑，一起哭，甚至一起發脾氣。我們要是常講笑話，自己的臉上或許因此有笑紋，另一半則是因為聽我們講笑話，也跟著有相同的皺紋，多年在同一時間做相同表情後，臉上會留下雖然小，但兩個人很類似的痕跡*，模仿讓我們彼此相像。

---

變色龍是一種奇妙生物，大部分的動物雙眼會一起動，變色龍的眼睛卻能自己動自己的，也因此能看到近三百六十度的視野。變色龍的舌頭也很驚人，可達身長兩倍，並以近二十四公里的時速，在一吐一收之間捕捉獵物。

不過變色龍最為人所知的事，則是可以配合環境改變身體顏色。[5]

---

*隨時間過去越長越像的夫妻婚姻也比較幸福美滿，長期發揮同理心一起分憂解勞，可以提升滿足感。多年在不知不覺中相互模仿，不僅讓婚姻更幸福，還帶來相似度更高的夫妻臉。

人類其實也會做類似的事，我們或許變換不了皮膚顏色，但會模仿周遭其他人的表情、手勢、動作，甚至是說話方式。[6]

別人微笑，我們也會笑；看到別人痛苦，臉也跟著抽搐一下；跟德州朋友講話時，「you-all」（你們大家）會講成「ya'll」；開會時要是有人摸臉翹腳，我們更可能摸臉翹腳，而且不會意識到自己跟著做。

人類幾乎是生下來那天就開始模仿，兩天大的嬰兒聽見別的嬰兒哭，也會跟著哭[7]，還會模仿照顧者的情緒表達方式；小小孩要是看見有人伸舌頭，也會跟著伸。

一切的模仿都發生在無意識之間，如果有人靠在椅背上，我們也會跟著靠，但不是刻意那麼做。此外，我們跟德州人講話時拉長調子，也不是刻意要模仿德州朋友的講話方式。

雖然渾然不覺，我們永遠自動模仿身邊其他人的一舉一動。我們的小動作、姿勢與行為，都會仿照互動對象，互動對象也同樣會學我們。

---

模仿的神經原理最初會被發現，是因為一支甜筒。

義大利帕瑪（Parma）一個炎熱的日子，一隻獼猴坐在神經科學實驗室的籠子角落，等著吃午餐的研究人員回來。牠的腦部連接一台大型機器，透過薄薄電極片記錄神經活動，主要目標是研究前運動皮質（premotor cortex），也就是大腦負責計畫與模仿動作的區域，尤其是手部和嘴部動作。

每一次實驗室裡獼猴手動了或是嘴巴動了，對應的迷你腦細胞就會發出訊號，接著監視器發出聲響。[8]猴子要是舉手，機器會嗶嗶兩聲；如果放東西到口中，則會嗶嗶嗶嗶嗶，實驗室裡嗶嗶聲此起彼落。

那天實驗一如預期，每當獼猴做動作，前運動神經元就發送訊號。一有動作，機器就發出嗶聲，接著實驗人員設備還開著，就出去找東西吃。

一名研究生吃著冰淇淋走回實驗室，甜筒拿在面前，就像拿著一支麥克風。獼猴很感興趣地看著研究生，渴望地盯著甜筒。

不尋常的事發生了，學生把甜筒送到嘴邊時，監視器嗶嗶作響。

可是猴子沒動。

研究生走近猴子，再次把冰淇淋送到嘴邊，嗶嗶！機器開始狂響。可是如果猴子沒動，為什麼預備啟動動作的大腦區域會興奮起來？

獼猴做動作時會發送訊號的腦細胞，在獼猴觀察別人做動作時同樣也會啟動。

獼猴把手放到嘴邊時，腦細胞會放電，但光是看研究生把甜筒送到嘴邊，腦細胞同樣會放電。後來的實驗顯示，猴子拿起香蕉時腦細胞會放電，看到別人拿起香蕉時也一樣。聲音甚至也會讓腦細胞發出訊號。不管是猴子自己打開花生殼，或是聽見別人打開花生殼都會讓腦部動作。觀察他人的行為會讓獼猴的大腦也模擬相同動作，義大利科學家就此發現今日所知的「鏡像神經元」（mirror neuron）。

在最初的獼猴研究之後，研究人員也在人類身上發現鏡像神經元，看到別人做動作會啟動人類腦中相同的皮質區域。我們看到別人抓東西時，動作引發電位（motor-evoked potential，肌肉準備移動的訊號）和我們自己真的抓東西很類似。[9]

別人因此可以促發我們做動作，觀察別人的動作會刺激大腦，讓我們容易做相同的事。看見有人在會議中坐直身體，看見別人從碗裡抓糖果，我們可能會跟著做，因為別人的行為促發我們的行為，大腦與肌肉受模仿本能影響。[*]

---

我們天生會模仿這件事的確很有趣，不過行為模仿還帶來後續重要影響——我們會模仿他人，但反過來他人模仿我們時會發生什麼事？

傑克討厭殺價，討厭到買新車時，為了避開討價還價的過程，一毛都不砍就全額付清。光是在eBay出價，就足以引發小小的恐慌，不管是上一分工作談薪水，或是和供應商談合約細節，傑克都想跳過談判環節，談條件令他渾身不自在，他不喜歡跟別人起爭執。

不過一個星期二傍晚，他被困在一場加油站的激烈談判。

傑克在一場MBA談判課堂練習上，被要求扮演加油站老闆，任務是用好價格把加油

*演化上出現鏡像神經元可能是為了促進學習。嬰兒面臨的龐大任務是學習成千上萬的新事物，不管是微笑、動一動小手小腳、走路、說話通通得從頭學起，就好像你掉進一艘太空船的控制台，突然被要求駕駛那艘船，一切皆屬未知。

鏡像神經元可以加速上手時間，人類不需要自己設法找出笑的方法，光看別人笑，就有辦法跟著笑。鏡像神經元讓大腦控制嬰兒面部肌肉的區域，準備好微笑的必要步驟，嬰兒因而更容易學習相同動作。

此外學習可能帶來最初的鏡像神經元，在學習發生之前，負責不同動作的感覺神經元（sensory neuron）以及運動神經元（motor neuron）之間，可能少有連結，然而透過自我觀察，或是成人對著嬰兒做出相同表情的情境，觀察行為的感覺神經元，以及發起行為的運動神經元的啟動可能因此出現關聯。同時發生的啟動會增強連結，最後形成鏡像神經元——神經元一起發動，一起連結。

站賣給蘇珊。

加油站老闆夫婦在過去五年間，一天工作十八小時，為的是存錢實現人生夢想——開船環遊世界。他們計畫從洛杉磯出發，一路造訪無數只在書本上讀過的地方，他們已經付了一艘漂亮二手船的頭期款，也開始裝修做好出航準備。

唯一的問題只剩賣掉加油站。夫婦倆為了籌措旅費，不得不出售。傑克想盡快脫手，但如果要實現環遊世界的美夢，價格一定得高到某種程度。

談判桌對面是蘇珊。

蘇珊的任務是代表大型石油公司德油（Texoil）買下加油站，德油正處於策略性擴張階段，四處收購傑克手中這樣的獨立加油站。

傑克在談判時，一開始先講自己的加油站有多棒，附近競爭者不多，是很合適的投資標的；且過去十年地價飆漲，德油要是自己蓋新加油站，成本將高出許多。

蘇珊先是恭維傑克，讚美他的加油站歷史悠久，接著又說德油要是翻新這樣的老加油站將得下重本投資。新的加油機、新的修車區樣樣都得花錢，德油頂多只能出這麼多。

傑克與蘇珊一如許多談判者，反覆強調對自己有利的面向，講為什麼價格應該對自己有利，並隱藏對自己不利的資訊。

最後到了喊價時刻。

蘇珊出四十一萬，傑克禮貌拒絕，提出六十五萬才行，蘇珊稍稍提高出價，傑克也稍稍降低價格。

三十分鐘過後，雙方依舊沒達成共識。

——

此類談判練習的目的，是培養學生的談判功力，演練實際的談判情境，獲得試探對手的經驗與學習成交。

不過乍看之下，傑克與蘇珊這場談判像是一個糟糕玩笑，兩人缺乏「可能的成交區」（zone of possible agreement）。

——

「可能的成交區」這個談判術語，指的是買賣雙方都會滿意的價格地帶。如果你希望以一百萬以上的價格賣出房子，而買方願意出一百二十萬以下，雙方就有二十萬的談判空間，任何介於一百萬至一百二十萬之間的出價，都能成交。

當然，每個人都想多賺一點或多省一點，賣家會想賣一百二十萬美元，多拿二十萬就能買部新車，還能讓孩子念大學，或是買下一直很想買的貓王肖像畫。買方那邊則當然希望一百萬就成交，留著二十萬讓貓王的畫掛在自己的客廳。然而不論想多賺還是多省下一些錢，雙方都希望在一定範圍內成交。

有時可能的成交區比二十萬美元小很多，如果你願意接受一百萬以上的價格，而買方最多只願意出到一百萬，那麼幾乎沒有談判空間。買方要出多離譜的價格都可以，像是八十萬、九十萬，甚至是九十九．九萬，但除非出到極限，雙方不可能達成協議，兩個人都無法買貓王的畫。

成交空間越小談判就越難。空間大的時候雙方都可以假仙一下，就算從最理想的價格開始喊依舊很可能成交；空間越小，則得花越多力氣，雙方都必須願意退讓才行，也因此常會破局。

傑克和蘇珊的這場德油談判似乎更麻煩，雙方的開價毫無交集之處。德油授權蘇珊開的最高價，還不到傑克能接受的最低數字，就算雙方不斷提高出價與降價，最終依舊不會成交，看來這場練習不會有結果。

幸好還是有辦法。

錢的事雖然談不攏，雙方的利益依舊有交集。德油的確想買下加油站，且未來也需要優秀經理人幫忙管理；而賣方過去五年都是優秀的加油站管理者，雖然希望盡快脫手加油站，但環遊世界回來後，依舊希望有一分穩定工作，因此雙方其實還有談的空間。

雙方如果能找出共同利益，想出有創意的條件，就可能達成協議。不過他們的思考必須超出加油站的價格，將其他事項納入考量。買方可以出自己的最高價，但也答應加油站老闆旅行回來時可以擔任經理，有一分穩定的工作。那麼加油站老闆將有錢旅行，而且回來時有工作等著自己。

達成協議不是不可能，然而雙方的互信程度必須足以揭露私人資訊。傑克扮演的老闆，必須吐露自己賣加油站是為了度假；蘇珊代表的德油，則必須吐露自己需要有人管理加油站——賣方得信任買方，買方得信任賣方。

然而這種一輩子只交手一次的談判，多數人不會沒事就信任對方。雙方都想從對方身上得到最大利益，儘量不吐露任何資訊，把最大的餅留給自己。說出自己要度假，可能讓自己在談判中落於下風，也因此處於傑克情勢的人，一般不會講出來。

蘇珊要怎麼讓傑克信任她？怎樣才能讓他放寬心，願意說出重要個人資訊？

傑克與蘇珊這樣的談判者，只需要做一件簡單的小事，成功機率就會提高五倍，就算眼看就要破局，成功機率也將是五倍。[10]

什麼事？

模仿你的談判對象。

---

研究人員想知道，行為模仿能否讓買方贏得賣方的信任，他們讓好多組傑克與蘇珊參與一模一樣的談判，不過其中一半的買家，被指示模仿談判對象的一舉一動。如果賣方摸自己的臉，買方也摸自己的臉，不過不能明目張膽地模仿，要假裝一切發生在不經意之間。

這種事聽起來有點蠢，摸臉或是往後靠著椅子，怎麼會影響成交結果？然而還真的有影響。模仿組的成交機率是五倍，沒有模仿的組別則幾乎無人成交；偷偷模仿談判對象的組別，三分之二的時候成功。

模仿可以促進社交互動，因為模仿讓人感到大家同一國。模仿有如社交潤滑劑，讓大家一團和氣，別人的行為和我們一樣時，不知不覺之中會讓我們不再感到「我們VS.他們」，而認為雙方有交集、更親密、更互相依賴。

有人跟我們做一樣的事，或是類似行為，會令我們推論雙方有共通之處，大家是一國的，這種現象或許與親人之間會相像有關。人會模仿身邊的人，看見別人跟自己做一樣的事，下意識會覺得雙方有連結。要是有人口音跟我們一樣，或是跟我們喜歡同樣的牌子，我們會覺得雙方有緣，更喜歡對方，互動更融洽。

模仿因而產生各種人際互動方面的重要性。[11] 參加快速約會（Speed date）的人士，雙方說話方式要是相像，再見面的可能性會增加三倍；已經在交往的人，要是說話方式類似，約會三個月後還在一起的機率會提高五成。

模仿也會影響專業表現。談判時模仿不只可以增加成交率，還能讓談判者創造價值與分到更大塊的餅；面試時模仿令人感到更自在，拿出更好的表現；銷售時模仿可以增加說服力。

事實上，我們唯一不模仿他人的時刻，就是不想和某個人扯上關係，例如滿意目前戀情的人，比較不會去模仿有魅力的異性。我們只有在不想跟別人產生連結時，才會打破人類的預設天性。*

---

*模仿是人類互動時的標準行為，缺乏模仿會令人感到被拒絕。互動夥伴被指示避免模仿的受試者，更渴望得到歸屬感，荷爾蒙因此飆升。

如果說人們顯然常做和別人一樣的事，流行是否源自這種愛模仿的天性？

## 模仿帶來的暢銷啟示

一開始，只見某個人的腳不耐煩地敲著學校鋁桌，接著是一支鉛筆敲打課本；過了一會兒，鏡頭終於照到女孩的臉，她感到無聊地托腮等候，等著時鐘指向下午三點。

時間一分一秒慢慢過去，兩點五十九分五十七秒……兩點五十九分五十八秒……秒針每走一秒，都伴隨鉛筆敲書的聲音。鏡頭轉到學生瞄著鐘，到底什麼時候才下課？就連老師都等不及了。

終於，鐘聲打破沈悶氣氛，學生一把抓住背包，從座位上跳起來，衝向走廊。

四下快速敲擊聲過後，出現音樂：「Oh baby, baby...」一個重低音響起，敲出碰、碰、碰、碰的節奏，「Oh baby, baby...」。

鏡頭轉回少女身上，深金色辮子上綁著粉紅蝴蝶結，女孩身穿天主教學校制服，不過這套制服比較像萬聖節裝扮，筆挺白上衣的下擺打了一個結，露出小蠻腰，搭配黑色迷你裙，黑色長筒襪。少女擺盪臀部，同學衝進走廊，大家跳起整齊劃一的舞蹈。

歌詞響起：「Oh baby, baby, how was I supposed to know... ?（噢，寶貝啊寶貝，我怎麼知道……）」

這支MV推出後，一九九八年初秋，小甜甜布蘭妮（Britney Jean Spears）成為全球最耀眼的巨星。

——

〈...Baby One More Time〉這首歌不只讓世人認識小甜甜，還創下前所未有的紀錄，榮登全球銷售排行榜，成為史上最賣座單曲，被《告示牌》雜誌（*Billboard*）封為一九九〇年代最佳音樂錄影帶，票選為流行音樂史上影響力第三名。同名專輯《愛的初告白》（*...Baby One More Time*）在美國榮獲十四張白金唱片，全球一共賣出三千萬張以上，不僅是青少年獨唱歌手最暢銷專輯，也是史上最暢銷專輯。

總而言之，還不錯的出道紀錄。

不過《愛的初告白》只是個開頭，小甜甜的第二張專輯《愛的再告白》（*Oops! ... I Did It Again*）榮登史上銷售最快女歌手專輯。第三張專輯一推出，就登上「告示牌二百大專輯榜」冠軍。

不管你喜不喜歡小甜甜布蘭妮的歌，她都是二十一世紀初最有名的流行音樂偶像。她除了贏過葛萊美獎（Grammy），還拿下九座《告示牌》音樂大獎，六座MTV錄影帶音樂大獎（MTV Video Music Awards），還在好萊塢星光大道上有自己的星星。她的巡迴演唱賺進四億美元，是史上唯一出道後每個十年，連續三度有冠軍專輯與冠軍單曲的藝人。還不賴的成績。

不過等一等，讓我們回到小甜甜創下一切驚人成就之前，回到巡迴演唱之前，回到百萬專輯之前，回到她的個人生活急轉直下之前，（還記得她那個前夫凱文・費德林（Kevin Federline）嗎？）甚至是回到……《愛的初告白》之前。

現在想像一下，假設我們能倒轉世界回到過去，重頭再來一遍。

要是一切重來，小甜甜布蘭妮還會這麼紅嗎？這位流行天后依舊會震驚世界嗎？

---

一定還會吧，小甜甜布蘭妮可不是什麼只紅過一首歌的藝人，她是史上最暢銷的歌手，賣出過一億張專輯，她會這麼成功，一定有原因吧？

種種跡象都顯示小甜甜布蘭妮有一天會成為明星，她三歲就開始跳舞；多數人還在學1+1=2，她已經贏過選秀比賽，出現在廣告上。她還是《全新米老鼠俱樂部》（*The All New Mickey Mouse Club*）的一員，這個節目出過賈斯汀（Justin Timberlake）與克莉絲汀（Christina Aguilera）等青少年偶像，這種千錘百鍊出來的藝人，怎麼可能不成功？

我們檢視小甜甜布蘭妮這樣的超級明星時，總是假設他們一定很獨特，天生有才華，具備成為巨星的特質。

如果你去問業界人士，為什麼小甜甜布蘭妮這麼紅，他們講的都差不多——小甜甜布蘭妮具備獨特嗓音。她的確不是什麼史上唱得最好的美音天后，但有自己的一套，歌聲好，再加上舞跳得好，有點純真，有點性感，讓她成為完美的流行歌手。小甜甜布蘭妮會那麼紅，是因為具備相關特質，要是時光倒轉，一切重來，她的特質依舊會讓她一炮而紅。

小甜甜布蘭妮命中註定會成功。

對於最暢銷的電影、書籍和其他超熱賣商品，我們也有同樣的想法。為什麼《哈利波特》賣出四億五千萬本以上？一定是因為書寫得好。深入分析的報導說：「《哈利波特》具備經典作品的一切元素，」還有人說是因為「人類天生就會回應這種引人入勝的故事。」銷量如此驚人的書一定有過人之處，比較有趣、文筆比較好，吸引力勝過競爭者。

然而成功會不會比我們想的隨機？

如果說小甜甜布蘭妮這樣的歌手在某方面有過人之處，理論上專家應該能判斷誰會紅。小甜甜或許不是歌藝最精湛的歌手，也許她的聲音就是適合流行音樂，雖然批評者對她嗤之以鼻，但暢銷製作人一定知道自己什麼時候挖到寶，音樂界高層應該是事先就知道她會成為超級巨星。

《哈利波特》也一樣。《哈利波特》的確不是喬叟（Chaucer）級的經典作品，但作者J・K・羅琳（J. K. Rowling）在一九九〇年代中期替《哈利波特：神秘的魔法石》（*Harry Potter and the Philosopher's Stone*）找出版社的時候，大家一定是搶破頭，如同懂酒的人能判斷普通卡本內與高級卡本內，有十年出版經驗的人應該分得出哪些書會滯銷、哪些會大賣。一般人或許有眼無珠，但專家一定能判斷。

但事實上完全沒這回事。

羅琳最初連續被十二家出版社退稿，大家說太長了，而且童書賺不了錢，還建議她千萬別辭掉白天的工作。

不只羅琳碰過這種遭遇，《飄》（*Gone with the Wind*）一連被拒絕三十八次才出版，貓王被說回去當卡車司機比較好，迪士尼創辦人華德・迪士尼（Walt Disney）早年被炒魷魚的原因是「缺乏想像力與好點子」。

《哈利波特》差點胎死腹中，直到某個出版人偶然給女兒看稿子，事情才有了轉機。女孩纏著爸爸好幾個月，一直講那本書有多好看，出版人才跟羅琳開價，後來羅琳一路成為億萬富翁。

如果說大賣的商品天生具備不同於其他失敗者的特質，那麼誰會大賣應該可以預測才對。或許你我無法預測，但至少業界專家應該有能力，畢竟他們的工作就是辨別良莠。

然而就連專家也會看走眼，這代表什麼意思？

———

普林斯頓大學社會學家馬修・薩爾加尼克（Matthew Salganik）寫論文時，對這個問題感到大惑不解。暢銷書、暢銷金曲和暢銷電影的成功度大勝同類商品，我們因此覺得它們一定具備不一樣的特質。

然而如果第一名明顯勝過他人，為什麼專業人士也很難判斷誰會紅？為什麼那麼多家出版社把簽下羅琳的機會拱手讓人？

薩爾加尼克團隊為了找出答案，設計出一個簡單實驗。他們架設一個可以免費下載音樂的網站，沒有知名的歌曲或知名樂團，只提供無名歌手的無名歌；像是剛出道的地方歌手或是剛錄好第一張示範帶的團體，團名像是「加油，末底改」（Go Mordecai）、「船難聯盟」（Shipwreck Union）、52地鐵（52 Metro）等等。

網站上有歌單，從第一首一直排到最後一首，人們可以隨便按一首歌試聽，喜歡就下載。一共一萬四千人參與這場實驗，每個人看到的歌曲順序不一樣，讓每首歌可獲得相同關注。

受試者除了能看到樂團名稱與歌名，部分的人還得到一個額外資訊——先前上過網站的人喜歡哪首歌。每首歌都看得到先前有多少人下載過，要是一百五十人下載過「52地鐵」的〈囚徒〉（Lockdown），歌名旁邊就會顯示「150」這個數字。

此外，如同暢銷排行榜的概念，得知額外資訊的「社會影響組」的歌單順序會依據熱門度排列。下載次數第一名的歌被放在第一首，第二首是第二名，第三首第三名……每當有人下載新歌，下載次數與歌曲順序就會自動更新。接下來，薩爾加尼克研究大家下載了哪些歌。

僅僅提供他人選擇什麼歌的資訊就造成很大影響，突然間，人們開始從眾，如同看著暗室裡的亮點，試聽與下載前面的人喜歡的歌曲。

流行會造成一窩蜂的現象，最受歡迎與最不受歡迎的歌差距逐漸加大，流行的歌更流行，不流行的歌越來越乏人問津。歌還是一樣的歌，但社會影響造成錦上添花和落井下石。

不過薩爾加尼克的實驗尚未結束，他知道人會模仿他人影響著歌曲受歡迎的程度，但他先前問的問題依舊沒答案。某些類型的歌曲或書籍的確比較受歡迎，但為什麼精通市場調查的專家無法事先預測哪些商品會大賣？

薩爾加尼克為了找出答案，又多加一個實驗細節。

沒人能倒轉真實世界的光陰，讓時間停下，回到過去，去看看重來一遍會發生什麼事，因此薩爾加尼克並未試圖扭轉世界，而是創造八個不同世界，召集八個一模一樣的組別——至少一開始表面上一樣。

這個決定很關鍵。

優秀實驗的祕訣在於「控制」，以薩爾加尼克的實驗來講，八個世界一開始都是一樣的世界，每位受試者得到相同資訊，所有歌曲都從下載次數「0」開始，且由於人們被隨機分配到各個世界，不同世界的成員沒有差異。雖然有人喜歡龐克音樂，有人喜歡饒舌歌，平均而言，每個世界有相同偏好的人數量一樣，八個世界最初的時候各方面都相同。

不過每個世界雖然開頭一樣，但之後各自演化，就好像八個不同版本的地球，各自在彼此附近運行。

如果光看特質就知道會不會成功，每個世界最後應該一樣。好歌比較受歡迎，爛歌被唾棄，在某個世界受歡迎的歌理應在所有世界都受歡迎。如果「52地鐵」的〈囚徒〉在A世界下載次數奪冠，在其他世界應該也會名列前茅，各組的偏好平均而言應該相同。

但結果卻不是如此。

每個世界受歡迎的歌差異極大，「52地鐵」的〈囚徒〉在某個世界是第一名，在另一個世界卻最不受歡迎，四十八首歌中排名第四十，幾乎墊底。

同樣的歌在成員整體偏好沒有差別的實驗組別，出現完全不同的成功程度。一樣的初始條件，不一樣的最終結果。

為什麼受不受歡迎在每個世界差這麼多？

原因出在社會影響。在「52地鐵」受歡迎的世界中，並沒有比較多的龐克愛好者，而是人們會跟隨前頭的人——最初的迷你隨機差異，最終出現滾雪球效應。

為什麼會出現這種現象？我們可以想像一下園遊會的停車問題。園遊會沒有自己的專屬停車場，甚至沒人引導交通，只有一個供大家停車的大空地。一般來講，大家不在意自己的車停哪裡，只要能下車吃到棉花糖，坐到摩天輪就好。由於沒有白線指示每輛車該怎麼停，第一個開進停車空地的家庭，可以自由選擇要停在哪裡。

第一個開進停車場的那家人剛好姓「西」（West），無意間停車時喜歡面朝西，因此他們開進空地後右轉，車頭朝西停好車：

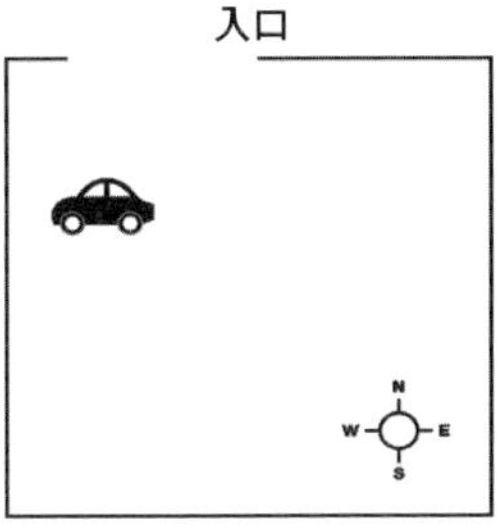


接著第二家人抵達，這家人姓南（South），喜歡車頭朝南，不喜歡朝西，但其實沒差，既然第一輛車已經朝西，他們同樣朝西停在一起：

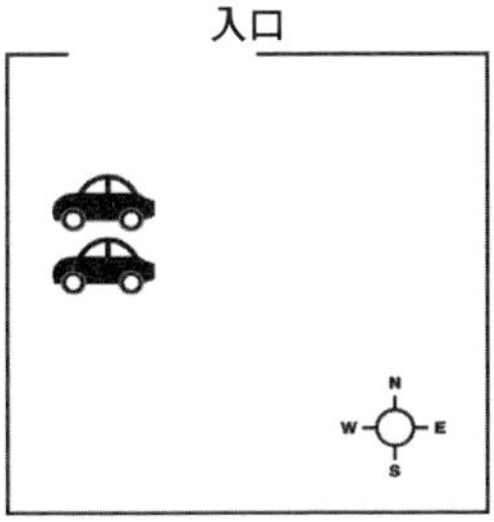

很快地又來了更多台車。雖然每個人喜歡的方向不太一樣，大家會跟著前面的車，直到停車場看起來像這樣：

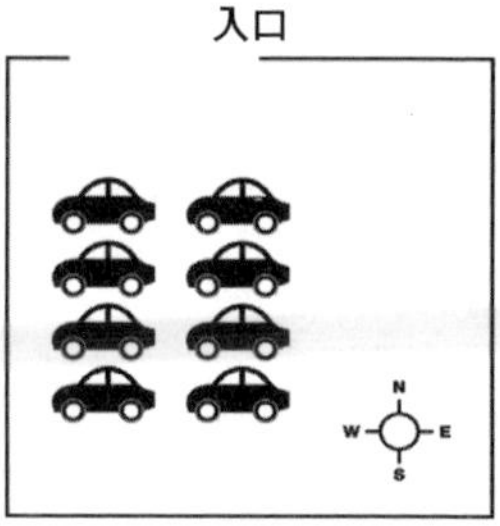


很合理的結果。

然而要是第一個抵達的不是西家人，而是南家人呢？要是南家人搶第一會怎樣呢？南家人喜歡南方，因此沒讓車頭朝西，而是停成這樣：

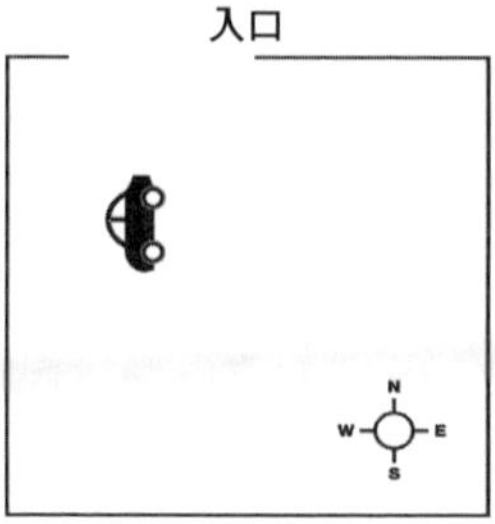

下一個抵達的是西家人，西家人雖然喜歡車頭朝西，但停車場裡已經有車朝南，他們也跟著朝南。車子一輛接著一輛進來，全跟著前面的車停，最後變成這樣：

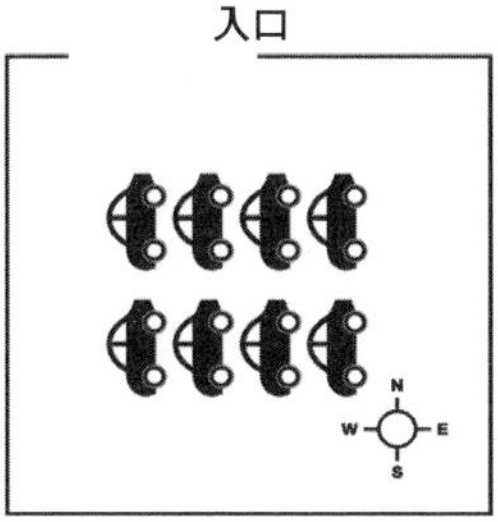


相同的八部車，車裡的人偏好沒變，卻有截然不同的結果。這次每個人都車頭朝南，而不是朝西，只因為第一個停車的人，剛好喜歡那樣。

歌曲研究的結果，也受這樣的過程影響。各位可以想像，在研究一開始，有兩個存在社會影響的世界，兩個基本上一樣，沒有任何歌被下載過，平均而言兩邊的受試者也一樣。

如同停車場的西家人與南家人，聽歌實驗中的不同受試者偏好會些微不同。A喜歡龐克音樂的程度，微微超過饒舌歌；B喜歡饒舌歌的程度，微微超過龐克。

然而A和B表達偏好的順序不同，在其中一個世界，龐克愛好者恰巧先上場，聽了幾首歌之後，找到一首喜歡的龐克樂曲，接著下載，那首龐克歌得一分，饒舌歌零分。接下來第二位聽眾上場，把第一個人的選擇當成依據，於是龐克歌又被下載，得到更多關注。第二位聽眾其實比較喜歡饒舌歌，但那首龐克風的曲子聽起來也不錯，所以他還是下載，龐克二分，饒舌歌零分。

另一個世界則是恰巧饒舌歌愛好者先上場，過程幾乎一樣，但結果不一樣。饒舌愛好者聽了幾首歌，找到一首喜歡的饒舌歌，接著下載，他並不討厭龐克音樂，只不過更愛饒舌歌，龐克零分，饒舌歌一分。下一個人喜歡龐克，但在這個世界，龐克愛好者的上場順序排在第二，因此受他人影響沒選自己喜歡程度較高的音樂，也下載饒舌歌，龐克零分，饒舌歌二分。

很快地兩個曾經一樣的世界開始有點不同，一個世界的榜首是龐克歌曲，另一個世界則由饒舌歌稱王。

當然單一個人喜好不足以完全改變他人偏好，但足以影響風向。排名在前面的歌得到更多關注，更可能被聽到，也因此更可能被下載。就這樣，龐克搖滾歌曲在第一個世界更可能被下載，饒舌歌則在第二個世界更可能被下載，下一個聽歌的人看到排名後又受影響。

漸漸地如同空地上停的車，社會影響以顯著的方式促使原本相同的世界走向不同方向，規模擴大到幾千人做決定時，造成相當不一樣的結果。

實驗結果告訴我們的事很簡單，但也令人嚇一跳，歌不是靠好不好來排名，而是靠運氣和從眾效應。如果世界重來，小甜甜布蘭妮（還有羅琳）可能不會紅，她的MV恰巧在正確時間推出，剛好有人喜歡，於是更多人受到吸引，但她可能並未勝過成千上萬我們連聽都沒聽過的歌手。

——

以上的討論難道是說任何東西都能紅？就算是很糟的書或電影，只要天時地利人和也能和好書或好電影一樣紅？

也不完全是這樣，即使是在薩爾加尼克的實驗，成功依舊與品質有關。在獨立的世界，下載次數多的「好歌」，一般會被下載更多次，「爛歌」則乏人問津；表現最佳的歌永遠不至於難聽，最難聽的歌也並未出現絕佳表現。

不過不管怎麼講，變數實在很多，也就是說光靠品質取勝還不夠。

成千上萬的書籍、電影和歌曲都想爭取大眾的注意力，然而沒人有時間閱讀每一本書的書封，試聽每一首歌，多數人無力逐一確認選項，就算只確認一小部分就很耗神。

我們沒有力氣自己判斷，也因此看別人怎麼做就跟著做。如果一本書登上暢銷排行榜，我們更可能多看一眼；如果有一首歌已經紅了，我們更願意多聽兩秒。從眾可以節省時間與精力，（理論上）更容易找到自己也喜歡的東西。

只要是暢銷的書或歌曲我們就一定會喜歡嗎？不一定，但我們的確更可能翻一翻，聽一聽。幾千本書或幾千首歌一起競爭時，有人關注就足以脫穎而出。

我們知道別人喜歡時就會覺得那樣東西應該可以相信，出現在暢銷排行榜上代表一種公信力[12]，那麼多人都買了，一定還不錯。

---

羅琳以筆名出書時，無意間證實了以上理論。《哈利波特》狂銷之後，羅琳決定再寫一本偵探小說《杜鵑的呼喚》（*The Cuckoo's Calling*），當時哈利波特讓羅琳聲名大噪，但評論家對系列的後幾本意見頗多，羅琳擔心自己的名氣會影響新書書評，希望讓新作品自己闖天下，因此取了「羅勃・蓋布瑞斯」（Robert Galbraith）的筆名，也就是羅勃・甘迺迪（Robert F. Kennedy）的名字，加上羅琳小時候幫自己取的名字艾拉・蓋布瑞斯（Ella Galbraith）。

羅勃・蓋布瑞斯的小說毀譽參半，幾乎每個讀過《杜鵑的呼喚》的人都給了好評，說這本書「有才氣」、「令人欲罷不能」。

然而不幸的是，有機會給好評的人不多，讀者寥寥無幾，《杜鵑的呼喚》悄悄上市，頭三個月只賣出一千五百本精裝本。

接著有一天，《杜鵑的呼喚》突然從亞馬遜第四千七百零九名榮登暢銷排行榜，一下子賣出數十萬本。

是因為民眾發現羅勃・蓋布瑞斯是才子嗎？不是。是因為大家仔細讀過《杜鵑的呼喚》發現這是一本文學傑作嗎？也不是。

是有人洩密，說出這本書真正的作者是羅琳。

要不是因為羅琳，《杜鵑的呼喚》只不過是茫茫書海裡另一本偵探小說，但有了羅琳這位賣出過四億五千萬本小說的作者掛保證，讀者願意讀讀看，畢竟成千上萬人都說羅琳的作品好看，這本書怎麼可能不好看？

## 運用社會影響

相關的模仿研究發現讓我們知道幾件事。

我們試圖說服他人做一件事時，通常靠獎勵或懲罰：本月最佳員工可以領一百美元獎金，名字還掛在牆上表揚；大人告訴小孩一定要吃蔬菜，要不然飯後就不准吃冰淇淋。然而獎懲雖有短期效果卻有違出發點。

假設你今天被困在外星人的星球，晚餐有兩種食物可以選：「咋咯呱吱」或「噶吥喇吱」。兩樣東西都沒聽過且看起來都怪怪的，但你實在餓壞了一定得吃點什麼。你還沒來得及開口選，招待的主人說話了：一定得先吃「噶吥喇吱」才准吃「咋咯呱吱」。

好了，你覺得哪一樣食物會比較好吃？「咋咯呱吱」還是「噶吥喇吱」？

孩子選擇冰淇淋和蔬菜時也是這樣判斷。孩子雖然愛吃冰淇淋沒那麼愛蔬菜，但冰淇淋變成獎勵時他們對蔬菜的好感就此消失，畢竟要是蔬菜是好東西為什麼需要獎勵來誘惑？

把冰淇淋當獎勵，是在無意間告訴孩子蔬菜本身不值得吃，還得付錢（付冰淇淋）拜託他們吃，一旦父母不付錢了孩子也不吃蔬菜了。孩子有機會自己選食物時根本不會挑蔬菜，員工也一樣。他們的結論是因為可以領更多錢，所以才要準時上班和提供優良服務，而不是因為在乎自己的工作。

運用社會影響的效果會比較好，人類和可以挑粉紅玉米或藍玉米的猴子一樣，會模仿他人的選擇與做法，家長要是自己猛吞花椰菜，孩子也會跟著吃。

可惜的是許多父母向孩子發送蔬菜難吃的訊息——自己的盤子裡沒多少蔬菜，一直吃雞肉、牛排等其他先放進盤子的食物。如果家長自己都不吃蔬菜孩子為什麼要吃？

然而要是家長盤子第一樣就先裝蔬菜、第一口也先吃蔬菜，孩子就會模仿。要是父母假裝爭吵誰可以吃最後一片蔬菜，效果會更好。孩子看到父母多吃某樣東西，而且還很享受的樣子，就更可能跟著吃。

讓別人模仿是好事，自己模仿也是好事。

想像一下在一個晴朗春日，你和幾位同事到附近吃午餐，坐在一間酒館的戶外座位，研究一下菜單後想好要吃什麼了。

服務生過來點餐，你念出一長串指示：「布魯塞爾漢堡，中的，加培根和切達起司，還要一分沙拉。」

「ＯＫ，」服務生說：「布魯塞爾漢堡，中的，加培根和切達起司，還要一分沙拉，對嗎？」

「沒錯。」你興奮地確認，肚子在叫了。

注意到發生了什麼事嗎？大概沒注意到。

然而這種事每天發生數十次，甚至數百次。服務生不只幫你點餐，還模仿你。他可以只說：「OK」或「馬上來！」但他沒這麼簡潔，而是把你說的話逐字重複一遍，完全照你點的方式講。

聽起來是小事？也許吧。

然而研究顯示，服務生要是模仿客人小費會多七成。

若想談成合約、要別人做事或只是希望別人喜歡我們，一個很簡單的辦法，就是暗中模仿他們的語言與一舉一動。只是在電子郵件中模仿打招呼的風格，例如「嘿」（Hey）、「嗨」（Hi）、「哈囉」（Hello），就能讓雙方關係更密切。

---

了解人們為什麼模仿之後，我們也能潛移默化影響自己。

團體決策常受團體迷思誤導。想跟大家一樣、想讓團體和諧的渴望，造成團體做出錯誤決定。各位如果觀察焦點團體分享意見，或是和決定要僱用哪名應徵者的委員會開會，就會發現第一個發言的人強烈影響結果。如同頭幾個聽歌的人會決定哪首歌變熱門，討論或投票的方向也會受恰巧先發表意見的人影響。抱持觀望態度的團體成員一般跟著風向走，如果並未強烈反對，通常不會說出反對意見。輿論的天平一下子倒向某方，但其實也可能倒向另一方，許多事件都被歸咎給團體迷思，例如「挑戰者號」太空梭（Challenger）爆炸、古巴飛彈危機都是如此。

我們喜歡講「集思廣益」，然而群體只有真正聽到每一個人的意見時，才可能有智慧。雖說兼聽則明，偏聽則蔽，然而要是每個人都當應聲蟲，真心話放在心裡不講，群策群力也沒用。

因此讓每個人說出自己知道的事很重要，但要怎麼做？如何才能鼓勵不同意見發聲？其實只要有一個反對意見就夠了。在心理學家阿希的線條長度實驗中，只要先前回答的人有一個人說出正確答案，就足以讓受試者勇敢說出正確答案。不需要到一半的人指出正確答案，只要有一個暗樁受試者說出來就夠了。我們不需要跟絕大多數人一樣，才敢安心說出意見，只需要感到自己並不孤單就夠了。

值得注意的是，真的只要有不同聲音就夠了，甚至不需要是跟我們一樣的聲音。要是有人說出不同答案，就算依舊是錯誤答案（宣稱是A線，而不是B線），受試者就敢說出正確答案（C線）。光是有不同的反對聲音，就算依舊不是自己想說的話，人們就能安心說出意見。

不同的聲音會改變討論的本質，不再是「對VS.錯」，也不再是「支持團體VS.背叛團體」，只不過是提出意見而已。當團體明顯有多元意見時，每個人就能更加安心地說出自己的看法。

有的管理者為了鼓勵大家提出不同意見，會直接指派某個人負責提出反對的觀點，如此一來，不但反對派敢講話，抱持其他觀點的人也敢出聲。

---

保密的影響也很大。英文的「有樣學樣」諺語「猴子看，猴子跟著做」（Monkey see, monkey do），很能說明模仿是怎麼一回事，不過「猴子看」的重要性比想像中還大，如果看不到或觀察不到別人在做什麼，別人就無法影響我們。如果某隻猴子不曾看過其他猴子吃粉紅玉米或藍玉米，其他猴子的選擇就不會對牠產生影響，只有在他人的意見或行為處於可觀察的狀態，才會出現社會影響。*

因此不讓影響發生影響的方法，就是讓選擇或意見保密，例如開會時，紙本投票會比舉手投票更能鼓勵大家獨立做選擇，避開團體迷思。匿名投票讓人更勇於說真話，甚至可以在開會之前，就請大家先寫下初步意見。這雖然只是一個小步驟，但如果有事先的紙本記錄在手，就比較難人云亦云，增加多元意見被聽見的可能性。

反過來講，同樣的原則也能用於影響他人。有時聲音太雜，意見很容易被淹沒，要是能減少討論人數，單一意見就比較有分量。與其試圖影響全場的人，若事先一一拜訪，爭取支持，就比較容易取得共識。先從其他也贊同的人下手，就能建立一個小聯盟，爭取觀望者支持。

此外，搶先發言也是引導討論方向的好方法。雖然不會每個人都因此同意，先出現的意見可以帶風向，吸引中立派關注。

---

大排長龍的可頌甜甜圈、日本起司蛋糕或是任何最近流行的食物基於同樣的理由大概

---

*我們自己的選擇也一樣，如果要避免受他人影響，那就保密。許多父母在孩子出生前，先不公布自己幫孩子取的名字，以免某個叔叔伯伯一直說那個名字會讓人聯想到某個很少人聽過的真菌疾病，結果又得重想。

也不值得花力氣去排。附近一定有差不多好吃，但不需要等五十分鐘的美食。

觀光客搜尋費城的牛肉起司三明治時，永遠被推薦去吃Pat's或Geno's兩間店。這兩家南費城的著名餐廳，提供夾著超薄肋眼牛肉片的長麵包，中間融著波羅伏洛起司、美國起司，或是喜歡的話，加Cheez Whiz起司醬也可以。晚上或週末時，這兩家店人山人海。

然而這類型的店真的比別家好吃非常多嗎？不太可能，甚至就連它們是否真是第一都很難講。

這類型的店有的其實是名氣。幾年前，好吃再加上運氣剛好讓它們而不是別間店被外地客推薦，聽過這間店的人告訴自己的朋友，朋友又告訴朋友，最後形成一股風潮，如同前文的音樂實驗，小小的差異，很快就造成大不同。

有一群人在的地方，最能吸引更多人。

所以說各位準備花半天時間在迪士尼排太空山，或是夜宿街頭搶購新產品前，最好先想一想其他選項。人們度假時，有時像是在試圖重現照片精選集。在一個又一個知名景點排隊，試圖在菜市場般的人群之中，用某個經典角度照下某座橋、某座宮殿。如果你喜歡這種行程，太好了，但要是覺得煩，或許在旁邊瞄一眼就夠了，應該還有其他一樣好、但沒那麼多人的地方。

以上是生活中自己受他人影響的各種大小事。我們通常認為選擇來自自己，我們有自己的偏好，心中有自己喜歡或不喜歡的東西，然而不管是我們點什麼菜、說什麼話或是什麼產品會變熱門，其他人都擁有出乎意料的影響力。如果你去問談成協議的人，是不是因為另一方模仿他們所以才談成，他們會大笑，說你瘋了，然而的確如此。

別人顯然常在不知不覺中影響著我們的行為，不過我們會因此永遠當應聲蟲嗎？或者偶爾也想唱唱反調？

# 2

# 我最獨特

# A Horse of a Different Color

怎麼沒有，就是沒有！十二歲的摩根・布萊恩（Morgan Brian）晃著腳坐在朋友家的電腦前，視線來回搜索螢幕，掃過一排又一排名字，A組、B組、C組。

球隊所有朋友的名字都在上頭，所有人都有，十個人全進了奧林匹克培訓隊，除了她以外。

布萊恩大受打擊，她一直覺得自己足球踢得還不錯，最大的願望就是進培訓隊；且自己沒進就算了，那年夏天居然所有的隊友都前往阿拉巴馬州蒙特瓦洛（Montevallo）受訓，只有她被留下來。

那個夏天布萊恩很不好過，不過也是轉捩點，失敗刺激她奮發向上，比以前更努力。

布萊恩個頭一直很小，跟平日一起練習的大孩子比起來，又矮又瘦，隊友幫她取的綽號是海綿寶寶的「皮老闆」（Plankton）。

不過布萊恩的個頭和球技，很快有所成長，練習時間開始前、結束後，她都在踢球，不斷苦練基本技巧——胸部停球、凌空射門、左右腳雙邊觸球——一再一再重複所有簡單動作，直到所有動作成為第二天性。

布萊恩失敗一年後，先進入州隊，接著又進入區隊，最終獲選為青年國家隊球員。十年後以美國國家隊最年輕球員身分上場比賽，二十二歲時，成為協助國家隊踢進二〇一五年女子世界盃的關鍵人物。

布萊恩是得分型中場，隊上攻防都靠她，有人視她為美國足球的未來，美國的明日之星，下一個米婭・哈姆（Mia Hamm）。

不過布萊恩人生的第一個對手，不是厲害的巴西前鋒，也不是難纏的德國後衛，而是姊姊珍妮佛（Jennifer）。兩人從小一起在家中前院踢球，直到吃晚餐才休息，珍妮佛大妹妹五歲，也因此一對一比賽時，布萊恩很少贏姊姊，然而輸只引發了鬥志。

布萊恩不是特例，頂尖女子足球員一般不是家中第一個孩子，以二〇一五年的女子世界盃美國隊為例，二十三個隊員中，十七人有哥哥姊姊。

這是巧合嗎？

---

美國國家隊和很多組織一樣，喜歡預測哪個成員會表現出眾。什麼因素將帶來出色表現？某些條件是否與成功有關？

不管是國家隊或是中學開始訓練的培訓隊都名額有限，能入選的只有幾個人，但挑選球員本身其實非常困難，球隊怎麼知道要選誰？如何預測哪個新秀有一天能代表國家？

研究人員為了找出答案，研究所有年齡的球員[1]，凡至少參加過一次美國女子全國訓練營的女性，從十四歲以下組，一直到二十三歲球員全是研究對象。研究人員探討各式各樣的因子，包括體能、心理素質、地區與志向等等。

研究結果出爐，有關的因子很有趣，成功球員一般與雙親同住，媽媽或爸爸通常自願當球隊義工，而且父母通常受過高等教育。

不過除此之外，還有一件事很特別——家中的排行。美國四分之三的頂尖球員，至少有一個哥哥或姊姊。

足球不是唯一的例子，全球三十多種體育項目的研究也出現相同模式——頂尖運動員一般不是家中老大。[2]

有哥哥姊姊讓人運動表現突出的原因很多，例如從小有榜樣可以參考，哥哥姊姊不但能教弟弟妹妹，還能刺激小的想跟大的一樣好。

此外哥哥姊姊也可以充當訓練夥伴或對手。兄弟會鬩牆不是沒有原因，大家庭中年齡小的孩子通常不得不早熟，才能與哥哥姊姊競爭。他們必須靠較矮、較輕的體型，以及通常較慢的速度跟哥哥姊姊比賽。弟弟妹妹如果要跟上，甚至是打敗兄姊，唯一的選擇就是加快學習速度，這種自然出現的「拚命」環境，造成排行在後的孩子有動力冒險與進步。

然而有趣的是，雖然頂尖運動員一般有哥哥姊姊，哥哥姊姊卻不一定從事相同運動。哥哥姊姊雖然一般而言也精力旺盛從事某種運動，但不一定是弟弟妹妹成功的那一種。舉例來說，頂尖足球員的哥哥姊姊可能不踢足球，而是打籃球或排球。

這麼說來，如果弟弟妹妹比較成功，不單純是因為有哥哥姊姊當榜樣和競爭對手，原因究竟是什麼？

---

家中老大一般學業成績較佳[3]，GPA、SAT、全國資優分數（national merit）都較高，不但上大學機率比較大，還能上較好的大學。

有人認為，老大成績較好是因為爸媽花較多心力在他們身上，給予更多資源。不過另一派的解釋則認為原因和社會因素有關。

長子或長女幾乎都是家中第一個上學的孩子，雖然不見得每個老大成績都一定好，至少通常會努力念書。研究也顯示，老大的確常被視為手足間比較用功、比較負責的那一個[4]，也難怪名人榜與得獎科學家常是老大。包括諾貝爾獎得主，全球政治領袖也多半為家中老大，例如美國總統。[5]

排行後面的孩子在這種環境下有兩種選擇，第一種選擇是學習哥哥姊姊，也把書讀好；第二種則是朝不同方向努力。弟弟妹妹可以走哥哥姊姊走過的路，也可以另闢蹊徑。

另闢蹊徑的方法之一是在不同領域努力，哥哥姊姊會念書，弟弟妹妹就努力在運動方面求勝。不只是頂尖運動員大都有哥哥姊姊，整體而言優秀運動員有很高的比例不是家中老大。

研究曾探討三十多萬名準大學生參與的課外活動，來自五百五十多所學校的幾萬名學生，將分別進入二年制小型學院至四年制大學，雖然日後只有百裡挑一的學生能參加國家級競賽，該研究依舊檢視了較為中級的體育成就——曾獲頒校隊獎。

研究結果發現，優秀的高中運動員一般有哥哥姊姊，而排行不是老大的孩子，更可能在高中拿校隊獎[6]，也更可能和朋友討論運動。

校隊獎得主有一個還是多個兄弟姊妹似乎沒差別，重點是他們至少有一個哥哥或姊姊。老大比較不可能是拿校隊獎的運動員，獨生子更不可能。

兄弟姊妹之間的差異，不只顯現在學業與運動成績方面。[7]老大在政治與社會議題上比較偏保守派，也比較不可能支持墮胎，不隨便跟人上床；非老大的孩子則偏向自由派，比較不可能參與宗教服務，比較可能高中考試作弊與喝啤酒。

要注意的是，不能認定老大就一定怎樣，老二、老三就一定怎樣，許多兄弟姊妹之間的差異，只是統計上的顯著差異，實際差異並不大，而且只是平均而言如此，不能一概而論。許多當弟弟妹妹的人，跟哥哥姊姊一樣聰明，甚至更勝一籌；許多哥哥姊姊運動也很好，也能打敗弟弟妹妹。此外老大也可能考試作弊，而非老大也可能是保守派。

不過平均而言，兄弟姊妹之間的確有差異，以個性而言，兄弟姊妹之間的相似程度，甚至比全國隨機挑選的兩個人高不了多少。[8]

此外環境因素也對個性造成很大的影響。部分研究推估，個性差異有一半源自環境，某些教養方式會讓孩子外向，某些則讓孩子神經質。

然而資料也顯示，親手足可能在相當不同的環境之中成長[9]，而一起長大的雙胞胎，個性不見得比分開長大的雙胞胎相像。[10]領養而來的兄弟姊妹即使在同樣的家庭成長，個性也幾乎完全呈現不相關。[11]

家長要是感覺自己幾個兒女完全不同，可能不是錯覺，孩子可能一個樂觀，一個悲觀；一個是派對風雲人物，一個則安靜內向。

這種差異並非隨機出現。

兄弟姊妹之間的競爭不限於誰足球踢得好，或是誰吃到最後一口冰淇淋，還跟由誰當某種人有關。有的孩子負責搞笑，有的負責當腦筋好的那一個，有的孩子比較像媽媽，有的則是爸爸的翻版。

身為手足會同時產生模仿又造成差異。弟弟妹妹通常崇拜哥哥姊姊，當小跟屁蟲，哥哥姊姊從事什麼活動，就跟著做什麼。如果哥哥有藝術天分，妹妹也跟著上美勞課，或是多做一點手工藝，弟弟妹妹因此變得更像哥哥姊姊。

然而雖然模仿造成弟弟妹妹和哥哥姊姊走上同一條路，小的很快就發現，這條路已經有人先占，自己很難比哥哥姊姊更有藝術天分、更幽默逗趣、更聰明、運動更厲害或是在任何哥哥姊姊已經站穩腳步的領域勝過他們。哥哥姊姊有藝術天分，因此弟弟妹妹光是喜歡美勞還不夠，還得花更多更多心思，知道更多更多事情或是努力非常多倍，才能打敗哥哥姊姊闖出一片天。兄弟姊妹之間是很明顯的比較，要是從小到大都不如人，感覺相當糟。

因此要是哥哥姊姊沒另闢新天地，弟弟妹妹通常會自己改走別條路，為了自己，或是為了在父母面前表現另尋一片天。

年齡相仿的兄弟姊妹尤其容易出現這種現象。家中有三個孩子的家庭，老三通常更像老大，比較不像老二[12]；此外姊妹或兄弟之間的差異，大過兄妹或姐弟，性別不同的兄弟姊妹，原本就有一項很大的差異，反而因此更願意相像。

孩子甚至會為了跟手足不同，逐漸改變個性。[13]一個孩子外向時，另一個會變內向，就跟陰陽一樣，互相連動，相生相剋。

---

兄弟姊妹因此扮演著人生中很重要的角色，他們是彼此的玩伴、知己、同盟與朋友，但也影響彼此的成長環境，努力像彼此，也努力不像彼此。

足球明星布萊恩提過自己的姊姊：「我從她身上學到很多。我知道她喜歡足球但不曾當成事業追求，或許我想跟姊姊不一樣。」

## 就是不想跟別人一樣

假設你突然想買一幅畫，你平常不是會為藝術花大錢的人，但這次恰巧路過一間藝廊，目光被吸引，那幅畫令人震撼，有點抽象，但色彩鮮豔，線條美麗，整體構圖太棒了。那是某位藝術家的十五張限量組圖，你覺得那是為你而畫，顏色配客廳剛剛好。

帶畫回家的前兩天，你到鄰居家喝咖啡，你們是好朋友，常聊近況。他告訴你，自己準備到佛羅里達度假；你告訴他，老闆喜歡在重要會議打瞌睡，你們還討論了一下最近哪部好萊塢大片最精彩。

接著他提起藝術：聽說你想買一幅畫，在你買之前，一定得先看我家買的畫，太完美了！我們花了很多時間尋尋覓覓，才終於找到喜歡的畫，你一定也會喜歡！

你的確喜歡。

你們走出大門，他打開車庫，你看到他新買的閃亮藝術品恰巧就是你要買的畫。同一位畫家、同樣的抽象線條、同樣的美麗顏色，只有一兩處布局稍微不同，但本質上一模一樣。

此時你會怎麼做？按照原定計劃買下畫還是再找別的？

---

科學家未曾做過和上述情況完全相同的實驗（買畫太貴），不過他們在地方上的小酒廠做過類似的。14

兩位消費心理學家假扮成提供啤酒試喝的服務生，讓同一桌的客人有機會試喝四種啤酒——濃度中等的紅麥酒、黃金拉格、印度淡麥酒和巴伐利亞夏日啤酒。客人挑選自己想喝的酒，可以免費試喝四盎司。

免費啤酒？大部分的人都踴躍參加。

酒喝完後，客人要回答兩個問題：他們多喜歡喝到的酒？想不想挑另一種？

這場實驗有一個細節不一樣，有一半的桌子是一般的點餐流程，由服務生提供酒單，介紹每一種啤酒，接著一一問同桌的人要喝什麼。

另一半的桌子則是私下點酒。服務生依舊提供酒單，介紹每一種啤酒，但每一位客人把自己要的酒寫在紙上，摺起來交給服務生，別人不知道他們點了什麼。

兩種點餐情境幾乎一樣，每個人得到相同的啤酒選項，聽到同樣的資訊，唯一的不同只在於每個人做選擇時，一組知道別人選了什麼，一組不知道。

不過研究人員分析資料時，發現兩組之間有驚人差異。知道別人點什麼的人，對於自己選的酒，大都較不滿意，後悔的可能性是三倍。

為什麼？因為很多人為了不跟別人重複，沒點自己平常喝的酒以免「撞酒」。

各位可以想像，三個人一起出去喝酒，保羅喜歡淡麥酒，賴瑞想喝拉格，彼得也喜歡淡麥酒。如果他們私下各自點，不曉得其他人選什麼，他們會選自己想喝的酒。保羅和彼得會喝到淡麥酒，賴瑞則喝到拉格。

然而如果是大家一一說出自己要點什麼，後點的人可能很尷尬。保羅點淡麥酒，賴瑞點拉格，接著輪到彼得，他也想點淡麥酒，但保羅點過了，點一樣的好像不太好，就像你不想跟鄰居買同一幅畫。

彼得可能出於這種心理點不一樣的酒，就算必須點自己沒那麼愛喝的也一樣。*人們有時為了不想跟大家一樣，故意做出不同選擇。

## 我喜歡以前的

今日的職業棒球是全職工作，除了七個月內要打一百六十場比賽，休賽那幾個月也得替下一個球季做準備。有的球員練舉重加強肌肉，有的遵守嚴格飲食瘦身。教練、廚師、運動專家組成的團隊，幫球員設計最佳生活方式。

不過以前不是那樣的。從前棒球員待遇沒那麼好，也因此賽後必須放下球棒，想辦法養家活口。榮登名人堂的凱西斯・坦戈（Casey Stengel）是計程車司機；投手華特・強森（Walter Johnson）替電話公司架設電線桿；游擊手菲爾・瑞祖托（Phil Rizzuto）在服飾店工作。

尤吉・貝拉（Yogi Berra）在聖路易最著名的義大利餐廳盧傑利之家（Ruggeri's），擔任招待人員和領班，就連在一九五〇年代率領洋基隊贏得世界大賽之後，如果是沒有賽事的日子，他依舊穿著燕尾服招待客人。

後來薪水提升，棒球選手開始在沒賽事的日子花更多時間在棒球上，比較少做其他事，也不必忙著養家。棒球變金飯碗後，沒必要冒險讓自己受傷。

盧傑利之家也變了。美食口碑和貝拉的盛名（即使是貝拉不在那裡工作之後），讓這間餐廳跟著水漲船高，知名度大開。

對餐廳老闆來講，爆紅是好事，但其他人就沒那麼開心了，例如貝拉再也不上門，朋友問他原因，他回答：「現在沒人會去那裡，太擠了。」[15]

---

*一群人點餐時，第一個點的人不太受影響，他前面沒人，想選什麼，就選什麼，不怕跟別人一樣。

從前的經濟學家說，一個人的選擇不受其他人的行為影響，不管是選畫還是點啤酒，選擇的依據應該是價格和品質。因此除非藝術家把畫的價格提高數千美元，或是酒商開始摻水，否則人們的偏好不會變。

一般來講，人們會模仿他人，如同猜測暗室光點移動多少距離，他人的選擇提供了資訊。很多人選的東西，一定比較好，要不然為什麼大家都這麼選？如果受歡迎代表品質好，跟著選受歡迎的東西就對了，別人都在做，我們很容易就跟著做。

不過偶爾會有例外，跟盧傑利之家一樣，有時太多人喜歡，人們反而會避開。「虛榮效應」（snob effects）是指個人對於商品或服務的需求和市場需求呈反比。越多人擁有或使用的東西，後面的人就越不想買或不想用。

多數人不想當唯一做某件事的人，但如果太多人開始一起做，我們又會反其道而行。羽衣甘藍或藜麥太過流行後，就會有人反感；每個人都在講圓點取代條紋成為新流行後，原本穿點點裝的人就不穿了。別人都喜歡，我們就意興闌珊，就算其實還是喜歡也一樣。

有時「別人有，我就不想有」的現象理由相當實際。餐廳太多人，吃起來當然不舒服，現場要排隊排很久才有位子，或是得提前很久打電話預約，而且現場吵得要死，講話用吼的才聽得到，根本不可能享受美食時光。

不過事情還不只這樣。

各位要是和喜歡聽音樂的人聊最近爆紅的樂團，大概會聽見一種很常見的說法：你說**亞洲蜘蛛猴？我喜歡他們以前的作品。他們開始大賣變得很商業化之前，早期的專輯還不錯，那時比較不做作、比較好，不是口水歌，以前比較真。**

亞洲蜘蛛猴樂團早期的歌的確可能比較好，常有歌手紅了之後就江郎才盡。然而披頭四、瑪丹娜以及其他許多成功歌手，他們在紅起來之前，真的唱得比較好嗎？各位是否聽過別人說，他們比較喜歡某個不紅的樂團早期的作品嗎？

變成流行天團的確可能扼殺創意，不過還有其他更可能的解釋。一個樂團不管曲風有沒有變，一旦紅了，喜歡這個樂團就沒那麼獨特了。如果你是亞洲蜘蛛猴樂團第一次在咖啡廳演出，恰巧在場十二名觀眾的其中一人；你是元老級的菁英樂迷，在還沒有人認識亞洲蜘蛛猴的時候，你就喜歡他們的輕快旋律與獨特嗓音，代表你與眾不同，慧眼識英雄，跟說喜歡大衛馬修樂團（Dave Matthews Band）或貝多芬完全不一樣。亞洲蜘蛛猴？聽過的人一頭霧水，還以為你在講《綠野仙蹤》，或是某種大批出沒的詭異靈長類動物。不過就算怪也沒關係，喜歡小眾的東西代表你很獨特只有你懂。

然而亞洲蜘蛛猴一旦紅了之後，事情就不一樣了。

亞洲蜘蛛猴登上《滾石雜誌》（*Rolling Stone*）後，不管是獨立音樂製作人，還是跟風者，一堆人開始聽他們的歌。亞洲蜘蛛猴原本專屬於你，這下子變成每一個人的樂團，原本的文青風，如今成為芭樂歌。

此時真正的亞洲蜘蛛猴歌迷該怎麼辦？

你可以完全不愛了，丟掉演唱會T恤，刪掉播放清單上的歌。

可是這麼做有點過頭，畢竟你還是喜歡他們的音樂，而且是你先喜歡的！

很多人碰上這種事的時候，不會完全拋棄心愛的樂團，但會找新方法讓自己跟別人不一樣——他們會說自己比較喜歡樂團從前的作品。

說自己喜歡亞洲蜘蛛猴早期作品的人，可以繼續當樂迷，但又與眾不同，社會身價（social currency）高過那些最近才開始迷的人。他們跟大家一樣，都喜歡這個流行樂團的音樂，但又是老行家，比別人早精通這個樂團的事。

有時某個東西正要開始紅就已經出現副作用，光是可能變成主流，就足以讓某些人不再喜歡，趁別人都還沒不喜歡，就搶先不喜歡。*

## 為什麼要跟別人不一樣？

美國人過感恩節會坐在火雞前把自己餵得飽飽的，然而多數人大快朵頤時很少去想這個節日的來源，如果要我們想，我們會想起在幼稚園學到的東西——清教徒和印第安人，普利茅斯岩（Plymouth Rock）和五月花號——然而除了蔓越莓醬與簡樸白帽，早期移民其實對美國今日的價值觀起了意想不到的重大影響。

一六二〇年九月，一百多人為了追求宗教自由，從英格蘭抵達新世界，其中許多是英格蘭分離派教徒。此一激進的清教徒教派不滿宗教改革的幅度，也不滿羅馬天主教對英國國教會的所作所為，在荷蘭待了一陣子後，想找新地方定居，他們想到經濟展望較為理想，而且可以繼續說英語的地方。

當時的神職人員幾乎負責個人與神之間的所有溝通，是唯一直通上帝的管道，懺悔與

---

*藉由採取反對立場，討厭所有人喜歡的東西顯示自己高人一等。每個人都愛死桃福（Momofuko）的怪味餅乾，但我呢？我覺得不怎麼樣。多數人都喜歡傑夫・昆斯（Jeff Koons），但我覺得他的東西只不過是炒安迪・沃荷（Andy Warhol）的冷飯，再加上一點馬塞爾・杜象（Marcel Duchamp）。有的人藉由高調厭惡其他每一個人都愛的東西顯示自己與眾不同，不融入人群，靠過人知識區別自己。

贖罪都要透過他們。聖經由他們詮釋與補充，他們是天堂與人間的中介，一切都要遵循儀式與典禮。

最早抵達美國以及很快也跟過來的新移民抱持不同看法，主張不管是今生或來世，都要讓普通人掌握自身命運。

新移民不聽令於神職人員，認為男男女女應該自己讀聖經，自己詮釋，每個人都能靠自己的信念，直接與上帝溝通，每個人都可以當自己的牧師，不盲從權威，鼓勵自己思考與感受，獨立自主是好事。16

---

獨立自主的概念與個人主義影響深遠，不但影響移民的宗教信仰，也影響他們如何與身邊的人互動。這個早期的種子，不但影響麻薩諸塞灣殖民地的建立（今日紀念的當初抵達普利茅斯港的清教徒），還影響美國大眾文化的根源。

個人可以獨立自主，自由追求自己的目標，開闢自己的道路，走自己的路。

多年後，法國歷史學家阿勒克西・德・托克維爾（Alexis de Tocqueville）思考新世界的新興民主制度時，個人主義是關鍵主題。個人主義不是負面的自私自利，而是「一種冷靜、從容的情感，讓每一位公民得以讓自己從同胞之中獨立出來」。[17]此一精神展現在美國的獨立宣言，以及憲法與權利法案所保障的公民自由，人民有權擺脫不當影響的束縛，得以自由做選擇。

一直到了今天，個人的獨立自主依舊是美國政治議題的主要爭論焦點。政府在保障個人表達意見的權利時，應該做到何種程度？保障A的個人自由到什麼程度，會變成侵犯B的自由？

歷史的淵源讓獨立與自主權在美國擁有崇高地位，也難怪美國人尊重差異，也就是跟同儕做不同事的自由，包括以不同方式詮釋上帝的話，以及選擇不同啤酒。*

美國不認為選擇反映外在考量，而是來自一個人的內在偏好、個人需求與欲望。不過隨著自由而來的是責任，如果選擇反映出一個人是誰，以具有文化意涵的方式做選擇就變得更為重要。衣服不只是衣服，衣服是在告訴別人我們是誰，昭告自己獨立自主最好的方

*另一方面，服從常被視為負面特質。服從是放棄個人控制權，讓自己受人擺布。喬治・歐威爾（George Orwell）的《1984》（*1984*）與艾茵・蘭德（Ayn Rand）的《源泉》（*The Fountainhead*）等小說，警告同化的危險，讚揚獨立思考。電影也呈現反烏托邦未來，每個人只不過是可以被替換的齒輪（直到與眾不同的男女主角拯救世界）。

法，就是選擇跟別人不一樣的東西。

想像一下你去參加宴會，結果跟另一位賓客撞衫，或是你去上班，結果跟老闆打了一模一樣的領帶。

大部分的人會一笑置之，表現出落落大方的樣子，但私底下大概很尷尬，覺得不太舒服。不管是跟一個人一樣，還是一百萬人一樣，感到自己和別人太像，通常會帶來不痛快或不安等負面情緒反應。

因為這樣，我們為了跟別人不同，選擇了某些東西，例如無人知曉的牌子，非中產階級聚集地的公寓，還有限量版T恤。另外度假地點是玻里尼西亞某個無名小島，要靠螃蟹船才到得了。[18]

渴望彰顯自己不同的現象，甚至也能解釋某些小眾高科技產品的興起。Google眼鏡原本是穿戴式運算的未來，此一戴在頭上的光學顯示器在使用者的視線範圍裝設小型螢幕，被譽為二〇一二年最佳發明。理論上，Google眼鏡讓使用者不需動手就能做筆記、拍照與找路，有餘裕做其他事。

然而上述的美好未來卻遭遇挑戰，例如未徵得他人同意就錄影，有隱私權與道德問題。研究也顯示，此類裝置會造成分心，美國有的州提案禁止戴Google眼鏡開車。有的早期使用者過分吹噓自己引領潮流，被叫「愛現鬼」（glassho%$s），很快地，Google眼鏡被視為「自找麻煩」的解決方案，代表沒事找事做。

不過Google眼鏡雖有種種瑕疵依舊搶手，人們想方設法得到邀請（Google眼鏡從未正式上市），甚至出價近十萬美元，只希望弄到一副。

買到Google眼鏡這件事，重點不在於實不實用。對高科技發明者而言，最新產品不只是生產力工具，而是凸顯自己與眾不同的方法。有了Google眼鏡，就能展現出他們搶先每一個人：**芸芸眾生長得都一樣，做一樣的事，講一樣的話，但我不同！我很帥，我就是我，我獨特，我不一樣。**

## 你是誰？

與眾不同通常有好處。魅力出眾的人，約會機會多多；個子高的人，籃球鬥牛賽會搶先被挑中。

然而光是比別人好，還稱不上「獨特」。在好事上比別人出色，自然令人心情愉悅；常被邀出去或是先被選中，令人感到受寵若驚，然而如果要當獨特的人，光是這樣還不夠。

假設你錄取一分新工作，第一天上班是熟悉新環境的日子，你和其他新進員工打破沉默氣氛，開始認識彼此。大家一一自我介紹，說出一點關於自己的事。

我三十六歲，有兩個孩子。

我是巴爾的摩人，金鶯隊（Orioles）球迷。

我父母一個是醫生，一個是藝術史學者。

各位會如何介紹自己？更根本的問題是，你是誰？

這個問題十分哲學但也非常實際，我們隨時都在直接或間接回答這個問題。不論是第一天上學，或是新工作報到，我們常向他人自我介紹，說出自己的名字，透露一點點我們如何看待自身定位的資訊。

在今日的數位世界，自我介紹常是虛擬形式，例如網站上的自傳，或是社群媒體「關於我」那一欄所寫的事。看一看別人在網路上放的東西，一下子就能感受到對方是什麼樣的人，就算不曾謀面也一樣。

推特（Twitter）允許的發文字數，幾乎容不下完整形容自己的句子，不過使用者通常以特定方法利用有限空間，例如「愛」（love）這個字出現的頻率最高。[19]「愛」這個字頻繁出現不是因人們無可救藥地浪漫，而是大家用「愛」這個動詞來表達自身偏好，愛做什麼或不愛做什麼，例如：我愛狗、我愛看橄欖球賽、我愛我的孩子。

其他常見的推特字詞包括職業與角色，例如：我是社群編輯、我顧家、我是教授。

自我介紹不只是用來寒暄，從深層角度來看，自我介紹是一扇窗，可以一窺我們如何看待自己。全世界有數十億人，從自我介紹可以看出我們如何定義身處茫茫人海的自己。

沒人喜歡被貼「他就是某種人」的標籤，然而物品的意義來自與其他事物的關聯，人也是一樣。如果你不曾看過蘋果，有人告訴你某個東西是蘋果一點意義也沒有，對方必須用你知道的事物來描述蘋果，你才知道他在說什麼。例如蘋果是一種紅色或綠色的小型水果，此類敘述藉由告知蘋果所屬的類別（一種水果）來傳達意義。

水果一般可食，也因此蘋果一定是能吃的東西。水果一般是甜的，也因此蘋果大概是甜的。告訴你蘋果是一種水果，等於是在告知那是一種從土裡長出來、可以吞下肚、八成富含維生素的食物。

不過意義除了來自蘋果是什麼，也來自「不」是什麼。告知蘋果是一種水果，也等於是在說蘋果不同於其他「非水果」的東西，例如大概沒腳，也不太能製成家具。要是少了區別，意義會含混不清。

人類描述自己的方式，跟描述蘋果的原理是一樣的，如果有人說自己是教授，我們多多少少知道對方是什麼樣的人。說自己是教授，是在說自己擁有其他教授通常擁有的特質，例如這個人大概喜愛閱讀與思考，還整天窩在室內。

不過說自己是教授，也是在說自己不同於其他不是教授的人，身高大概不如說自己是籃球員的人，創意也大概不如藝術家。

要是每一個人都是教授，「教授」會變成無意義的分類，就像光講「我是人類」提供的資訊不太多，無法區分自己和世上其他數十億人。

區別能定義事物因此很重要，如果每個人都一樣，我們很難產生「自我」概念。我和別人究竟有什麼不同？區別讓人獲得自我定位，同時說出自己是什麼、不是什麼。

孩子「轉大人」時，經常發生這種事。小孩在十二三歲之前，基本上是雙親的延伸。爸媽給他們穿什麼衣服，他們就穿什麼；爸媽煮什麼，他們就吃什麼；爸媽住哪裡，他們就住哪裡。孩子不是父母的複製人（他們無疑會頂嘴或討厭某種食物），不過尚未花很多力氣區別自己。

然而長大其實是在定義獨特的自我，自己和父母不同，也因此青少年會唱反調，開始吃素，專找壞男孩或野女孩約會；在爸媽接他們放學時，擺出一臉無聊或叛逆的表情。

青少年做這些事的動機，並非單純想氣死父母（雖然蠻像的），他們其實是試圖把自己定義成獨特的人，劃下界線，我是我，爸媽是爸媽。

## 「人我有別」的幻覺

我和一個律師朋友聊天，他問我最近在做什麼，我說自己在寫一本講社會影響的書，他就開始感嘆同事。

「每個人都想跟別人一樣，」他說，「年輕律師一領到分紅，第一件事就是跑去買BMW。」

我指出他自己也開BMW，他不以為然：「我是開BMW沒錯，但他們都開銀色，我的車可是**藍色**的。」

---

每一個選擇，每一個決定，都具備不同性質。我們可以靠廠牌、型號、顏色或其他各種特色來描述車子。就像在描述假期時，我們會說自己去了哪個城市、哪個州、哪個國

家，住了哪間飯店，在當地做了什麼。

想跟別人不同的欲望可能促使人們買不尋常的車，例如買福斯巴士，不買豐田Camry，或是度不尋常的假，跑到安圭拉，不去奧蘭多。不過，渴望跟別人不同，也可能讓人特別看重某個選擇令自己「感到」獨特的面向，就算其實沒什麼不同。

在宴會上撞衫的女性，可能說自己穿的鞋不一樣，或是包包不一樣；跟別人一樣開BMW的車主，說自己那台BMW顏色很特別，或是內裝不一樣——人們留意與記住支持自己和別人不同的資訊。

各位可以看上圖的手提包，兩個都是法國奢華品牌Longchamp的產品，主要材質都是尼龍，外加皮革裝飾。依據產品介紹，兩者都是適合日常使用的完美尺寸，事實上，它們唯一的區別只在顏色而已。

我問大家，以一分到一百分來講，這兩個包有多像，多數人認為十分雷同，大約九十分左右。

我問為什麼的時候，大家講的理由都跟剛才差不多，像是兩個包包大小一樣、品牌一樣等等。它們實在太像，有的受訪者還以為我在開他們玩笑。

不過我問到的人，要是自己就擁有這兩個手提包，答案就非常不一樣。Longchamp包的主人說：**這兩個包完全不同，顏色差很多好嗎！**

如果問大家最珍惜的物品，像是最心愛的項鍊、襯衫或廚房用品，接著猜有多少人也擁有同樣的東西。

人們普遍低估答案，有時甚至差到十倍。我們越重視一樣東西，就越容易敝帚自珍。

各位甚至可以到托兒所看數十個孩子用義大利麵做勞作；或是到人們遛狗的公園，看一堆小狗繞圈圈彼此追逐。在外人眼裡，這種景象大同小異，當然每個孩子、每隻狗有點不同，不過看起來都差不多。

然而要是你問孩子父母，或狗狗主人，你會得到不同說法。家長會說，自己的孩子跟其他小孩完全不一樣；飼主會說，自己的狗是世上最獨特的一隻，真的從沒見過這種狗。

從某方面來講，「區別」麻煩的地方就在這。有的差異真的存在，我們購買不同品牌，擁護不同主張或是前往跟朋友鄰居不同的地方度假，還買用柚木與鐵軌枕木回收製造的古董咖啡桌。

然而有時只是為了滿足我們心中所想的不同。我們有可能留心自己跟別人類似的地方（在其他成千上萬人購買襯衫的同一間店買衣服），但特別挑很少人買的灰色就覺得自己很獨特。

這種心理作用可以解釋許多人對於區別的感受。

——

下一次去雜貨店，或是在地鐵排隊，你可以觀察多數人看起來都很像，全都有一雙眼睛、兩個耳朵、一個鼻子、一個嘴巴。我們穿著雷同的衣服，吃著外觀類似的食物，然而茫茫人海之中，我們感到自己很獨特，與眾不同，就是跟別人不一樣。

然而所謂的我就是我，有時只是人我有別的幻覺，我們只看自己不一樣的地方，但其實本質十分雷同。

不過每個人渴望凸顯自我的程度一樣嗎？

## 來組一個車主俱樂部

各位可以想一想，本章先前提到的場景要是反過來會怎樣。這次不是你想買別人買過的畫，也不是想點前面的人點過的啤酒，而是有人模仿你做的事，你會有什麼反應？被模仿讓你有什麼感覺？

想像一下，你剛買一輛新車，向幾個朋友炫耀，接著你發現其中一人看到之後也跑去買同一輛車，款式型號都一樣，你感覺如何？

西北大學（Northwestern）教授妮可・史蒂芬斯（Nicole Stephens）問ＭＢＡ學生這個問題時，大家的回答不出所料。

大家都說他們不舒服，心情不好。發現朋友買同一輛車有如遭受背叛，自己的車不再獨特感覺很討厭。ＭＢＡ學生覺得，要是別人做跟他們一樣的事，尊榮感就沒了，車子變得很普通。

這樣的負面回應符合前文提到的「獨特」現象，人們喜歡跟別人有點不同，這種不一樣的感受遭受威脅時，就會出現負面情緒反應。此外由於想跟別人不同，ＭＢＡ學生碰上有人模仿自己會不開心。

妮可問了另一群人相同的問題，這組人在許多方面跟MBA學生很像，除了年紀差不多也是男性占多數。

第二組人只有一件事不同，他們相對而言沒那麼富有，比較偏藍領，沒念一年學費要十萬美元的頂尖商學院，做著勞動階級的工作。

他們是一群消防員。

妮可問消防員，要是朋友買一樣的車他們有什麼感覺。幾乎沒有任何人回答自己會不高興或生氣，妮可整理數據時，發現大家的回應相當正面，不但不會不舒服，還替朋友開心，慶幸他們買到好車，覺得大家買一樣的沒關係。

其中一位消防員說：「太棒了，我們來組車主俱樂部！」

為什麼消防員的反應如此不同？為什麼別人跟他們一樣，他們覺得沒什麼，MBA學生反應卻那麼大？這說明什麼？每個人希望跟別人不同的程度為什麼不一樣？

———

妮可教授當年是在上大學後，才發現自己身處兩個不同世界。她跟爸媽及祖父母一樣，生在佛羅里達的西棕櫚灘（West Palm Beach），家裡不算有錢，但也稱不上窮困。

妮可的爸爸為了避開越戰去念大學，後來成為消防員，工作之餘還開了一間水壓清潔公司，事業一下子欣欣向榮，雇了一群員工，後來還包辦地方郵局的車輛清洗服務，停車場上會停滿數百輛郵務車，妮可和弟弟小時候幫忙洗車，賺點零用錢。

妮可的父母要妮可用功念書：妳乖乖的，成績好，人生就有機會。

妮可的確認真念書，當好學生，甚至還是完美主義者，在學校表現良好，贏過拼字比賽，以全班前幾名畢業。

到了選大學的時候，妮可知道自己想念什麼樣的學校，她從小到大沒離開過佛羅里達，夢想是念電影裡那種大學——新英格蘭的時髦文理學校裡，穿著毛衣的人群，笑容滿面走過秋葉落下的校園廣場。

妮可對這類學校所知不多，只知道非去不可。佛羅里達是好地方，說很棒都不為過，但妮可不喜歡大家都去的州立大學，想去特別一點的地方。

麻州威廉斯鎮的威廉斯學院（Williams College）錄取通知寄達時，妮可樂壞了，覺得美夢成真。

然而妮可的父母不這麼想。他們說：那只不過是另一間學校而已，佛羅里達就有妳可以拿到全額獎學金的好學校，為什麼要念那麼貴的學校？出來就會找到比較好的工作嗎？從學費的觀點出發，妮可的父母自然會問這種問題。

妮可打電話給威廉斯學院的校友辦公室，請對方提供資料、數據或是任何能說服父母這是一筆好投資的證據。

校友辦公室很幫忙，寄給妮可一堆資料，妮可再三請求後，父母讓步，妳就去念吧。

妮可成為大一新生，威廉斯果然許多方面都很完美，這所多年被選為全美最佳文理學院的學校，課程很棒，教授也很棒；此外，妮可喜歡打籃球，進了校隊，人生很美好。

然而在此同時，有些事感覺怪怪的，妮可說不出哪裡怪，她高中成績很好，念書不是問題，但她總覺得打不進同學的圈子。

從某些角度來看，妮可知道自己成長背景還算不錯，她以前在離家不遠的里維埃拉海灘（Riviera Beach）參加過籃球隊。里維埃拉海灘是資源不足的地區，近三分之一的家庭活在貧窮線之下，妮可是隊上唯一的白人，許多隊友從小在治安不佳的貧民窟長大，妮可則衣食無虞，家人關係良好，很支持她。妮可對於自己如此富足，隊友卻如此貧困感到不好意思。

然而進了威廉斯之後，妮可才明白其他同學擁有她一輩子想不到的機會。同學家在度假勝地漢普敦（Hamptons）有房子，以前念的是昂貴的預備學校，請昂貴家教，父母職業高級，不是政治人物，就是醫生、律師，豐富的家族人脈可回溯到數代之前。對妮可來說，這是級別完全不同的「家境好」。

妮可花了幾年時間才明白自己究竟感受到什麼，不過念大學的經歷讓她看懂文化背景在人生中扮演的重要角色。她進研究所，開始研究性別、種族與社會階層如何影響人生遭遇與出路。

---

美國文化普遍認為獨特是好事，例如給嬰兒自己的房間，培養自主意識；漢堡王（Burger King）鼓勵顧客「我選我味」（have it your way）；香菸公司鼓勵消費者「什麼都可以，就是不要一樣」（choose anything but ordinary）——與眾不同似乎是相當被看重的價值。

然而每個人都喜歡特立獨行嗎？

妮可不確定，她想該不會社會階級也有影響。「生於中產階級」vs.「生於勞動階級」說不定會影響一個人喜歡跟別人一樣或不一樣。

妮可從車子下手找答案，前往兩家地方購物中心，一家是中產階級，甚至是上流社會去的戶外商場，都是LV或尼曼（Neiman Marcus）這種昂貴店家。要是停車太麻煩，交給泊車人員就好；要是想潤潤口，可以喝到新鮮現榨果汁，這種飲料「可以協助平衡每一天，豐富人生，是現代人不可或缺的工具，簡單、方便，專為忙碌生活設計」。

另一間購物中心則是不折不扣的勞動階級購物地，沒有幫忙停車的服務人員，沒有高級商店，也沒人覺得一罐要價九美元的芹菜蔬果汁可以讓人在瘋狂世界中平靜下來。這是一個多數藍領階級撿便宜的地方——沃爾瑪（Walmart）的停車場。

妮可走訪兩間購物中心的停車場，一一記錄每輛車的型號。高級的那間有Nissan Sentra、BMW 328i、Volvo S60等等，沃爾瑪有豐田Camry、Acura TL、又一台Camry，一排一排記錄下去。

接下來，妮可計算兩座停車場各別停了多少不同的車。高級購物中心和沃爾瑪停的車有多少不同的型號車廠組合？

如果是購物顧客追求獨特的停車場變化應該比較豐富，雖然總會有幾個人開相同廠牌型號的車，車主應該會想辦法跟別人不同，也因此會停著更多不同類型的車。

不過，如果是人們追求相似的地點，車子重複度比較高，更多人選擇某幾輛特定的車，可能一共只有二十種廠牌和型號，不會有三十種。

妮可統計結果時，發現和消防員類似的現象，相較於高級購物中心，沃爾瑪停車場裡的車廠牌與型號比較不多元，人們開一樣的車，不會五花八門*，勞動階級偏好跟別人一樣。

人們追求與眾不同的程度有別，有人喜歡跟大家一樣，有人喜好彰顯自我。中產階級會避免跟流行，要是別人挑了他們挑的東西，他們喜愛那樣東西的程度會下降。勞動階級則不覺得跟別人一樣有什麼不好，他們選擇流行事物，不挑不流行的東西，如果別人也選了相同東西，他們的喜愛程度會上升，覺得大家都一樣是好事。**

---

*有的人提出這會不會跟偏好與眾不同的程度無關，而是買不買得起的問題。有錢人本來就是愛買哪種車就買哪種車，也因此沃爾瑪停車場中廠牌型號較少，原因是勞動階級負擔不了高級車。這種論述的確有幾分事實，不過不是全貌，例如車子顏色其實也出現類似模式。主打中產階級的廠牌提供的顏色選擇，一般多過專攻勞動階級的廠牌，例如ＢＭＷ提供的顏色，通常是本田的兩倍以上。就連車子顏色這種面向，也出現明顯的差異偏好程度。

不過也不能光看社經地位，在勞動階級或中產階級之中，每個人偏好獨特的需求與程度也有差別。***有的人喜歡流行的商品與品牌，有的人則避開；有的人試圖營造無法複製的個人形象，有的則走中庸路線。[20]

文化差異也造成影響，例如美國諺語說：「嘎吱作響的輪胎先上油。」比較突出或顯眼的人得到最多關注。日本則相反，廣為人知的諺語是：「突出的釘子會被敲下去。」對日本人來講，融入團體比較重要，太顯眼不是好事。

許多美國人認為，「獨特」象徵著自由與獨立；然而在東亞文化，和諧與人際關係比較重要，跟別人太不一樣是脫序行為，團體容不下這樣的人。

研究也顯示不同文化有不同規範，相較於美國人，華人與韓國人會選擇較為相似的事物。[21]東亞人選擇「較常見」與「較不常見」的選項時，會挑較常見的選項；當問韓國人最喜歡哪個圖案時，他們偏好最廣為人知的選項，而不挑不熟悉的。

---

總歸一句話，獨特本身沒有對錯好壞，而是情境造成人們的偏好有所不同。

有的情境會助長差異，美國中產階級與上流社會的孩子，從小被教導他們是等著大放異彩的「特殊花朵」（special flower），國家明日的棟樑，一定要向全世界展現自己。這些孩子不但被賦予眾多機會，還擁有自主權、選項與主控權，可以依據個人偏好，選擇那一種可能性適合自己，一切依他們看待自己的方式。22

在這樣的環境下成長的孩子，自然認為與眾不同是好事，每個人不一樣，應該依據自身特性選擇人生。

不過不是所有的成長環境都鼓勵大放異彩。

勞動階級一般鼓勵互相幫忙而不是展現個人特質，要當有團隊精神的人，不能有大頭症。勞動階級的孩子，花更多時間和家人相處，親自照顧家人，孩子被教育：「這不是你一個人的事」，一個人必須好好為所有人著想。23

---

※社會階級還有其他各種值得探討的影響，以職業為例，中產階級與上流社會與人交談時，首先會問：「您從事哪一行？」對中產階級與上流社會來講，一個人的工作定義了那個人。人們會選擇某種工作，是因為有興趣、有熱情，工作選擇傳達出一個人的本質，工作象徵著身分認同；然而在勞動階級的場景，認識人的時候，不會開口就問「您從事哪一行？」或是問了可能冒犯對方，因為對許多勞動階級的人來講，工作是不得已而為之，而不是身分的象徵，用途是付帳單，有養家活口的需求。

※※勞動階級的個人無法光靠職業來定義，對他們來講，人生其他許多面向更為重要，只依據他們為了付帳單而做的事就認定他們是什麼樣的人，是一種貶抑。

在勞動階級家庭長大的孩子，因此一般較留心與適應周遭環境。替自己挺身而出很重要，但也得考慮他人的需求，他們比較不關注自己，比較注重群體。

來自勞動階級的人也因此較不偏好不同。如果所謂的「其他每一個人」是你的親朋好友與你關心的人，你怎麼會想跟別人不同？分享體驗難道不會勝過孤獨？

喜不喜歡跟別人不同也與人們生活在哪個世界有關。[24]瞄準勞動階級消費者的廣告不會宣傳應該要跟別人一樣，但會暗示關心他人、大家一起來的重要性。各位可以回想出現在《運動畫刊》（*Sports Illustrated*）的豐田或Nissan運動休旅車廣告，研究發現，上頭的廣告詞比較可能提到親朋好友（「增加家庭同樂時光」），或是鼓勵連結（「好上加好」），視覺畫面出現人物的機率幾乎是十倍。

主攻中產階級消費者的廣告則一般強調區別，例如出現在《Vogue》或《好食》（*Bon Appétit*）的廣告，比較可能鼓勵區別，強調產品與眾不同（例如廣告詞是「看見不同」），或強調獨特性（「獨一無二」）。瞄準中上階級消費者的廣告則暗示只要買了產品，就能和普通人顯得不同。

零售環境也展現上述差異，隨便挑某間高級購物中心，或類似紐約第五大道的購物地點，那樣的地方的確會有幾家連鎖店，但也有許多只此一家的精品店，專賣獨家或手工製品，此類商家的客人希望擁有別人沒有的東西。

此類地點就連商品擺放方式也彰顯著獨一無二。一個台子上就只有一樣產品，跟其他產品分開；或是幾排貨架上，每個架上只有單一商品的單一尺寸，就好像想找M號橄欖綠花背心的話，全世界只有這裡有。在這件M號橄欖綠花背心問世後，有人說：「這件衣服完美至極，以後世上不會再有這樣的衣服。」

勞動階級的購物地點選擇則沒那麼多，都是長得差不多的連鎖店與品牌，提供和眼熟的流行商品和有點類似的東西。

商品的陳列方式也一樣，眼前是一模一樣的一排排L、M、S號綠色背心，旁邊是長得很像的藍色背心以及黃色背心。相同的盤子與馬克杯被擺成一排又一排，偶爾上頭還會多放幾個，方便拿取。店裡賣的東西讓你可以跟大家一樣，而不是幫助你不一樣。

錢解釋了部分差異，但事情比錢複雜。有人說勞動階級也想要那件特別的M號橄欖綠花背心，只不過買不起；勞動階級也想買那台一年只有七百五十名幸運兒買得到的高級石墨烯Audi。有錢的話，誰不想啊。

不過這種解釋過分簡單，而且預設了獨特才是「對的」，每個人都想要獨特，只不過能否獨特要看有沒有資源。

資源的確能帶來選擇，如果有錢或是活在充滿機會的世界，就能想辦法讓自己與眾不同，透過選擇表達自己；如果沒有資源或是活在周遭沒有太多選擇的環境，表達自己的空間會少很多。

不過勞動階級並未希望自己能更為與眾不同；恰恰相反，在勞動階級的世界，追求和別人一樣才是常態，也是人們偏好的做法。

事情沒有對錯，我們成長的環境影響著我們的行為，以及我們如何詮釋自身行為。有人想當獨一無二的人，有人則覺得能組車主俱樂部真是太棒了。

## 運用社會影響

想跟別人不同這件事不只青少年如此，也不只叛逆人士如此，每個人某種程度上都有這種渴望，只不過多寡不同，畢竟要是每個人渴望的程度一樣，那就不獨特了。

做決定時，要是能察覺渴望與眾不同會影響行為就能做出更好的決定。一群人點餐時，就算別人也點一樣的食物，堅持點自己想吃的東西大概會更開心。都點一樣的確就不獨特，但可以點不同飲料，或是關注自己其他和別人不同的地方，就不會可憐兮兮，面前擺著其實沒那麼想吃的東西，好好享受自己選的餐點。

要是真的不想跟別人一樣，可以想辦法第一個點餐，方法很簡單，你可以當喚來服務生的那個人，服務生就會先問你要什麼，不必擔心別人的選擇影響自己的選擇。

此外也可以特別設計選項與選擇的環境，滿足想與眾不同的渴望。蘋果（Apple）的iPod提供五花八門的顏色，畢竟有的人喜歡藍色，有的喜歡紅色，有的喜歡灰色，但提供橘色或黃色產品，比較不是為了滿足個人偏好（表示自己喜愛黃色的人數較少），而是靠著提供多種選擇，讓消費者感到自己跟別人不一樣。雖然iPod非常流行，每個人基本上擁有相同的東西，你的朋友可能有綠色iPod，同事有紫色的，老媽有藍色的，但你依舊感到自己跟大家不一樣，因為你的iPod是紅的，那是專屬於你的iPod。

此外與眾不同的尊榮感，也能解釋為什麼星巴克（Starbucks）這樣的地方會成功。星巴克的確豆子可能稍微好一點，或是氣氛比較好，但不管怎麼說價格依舊是麥當勞（McDonald）或其他輕鬆就能買到咖啡的地點的三四倍。為什麼人們願意多掏錢？

星巴克賣的不只是咖啡，而是賣個人化體驗。我們可以點客製化飲料，拿到的星巴克咖啡不會跟前面排隊的男男女女一樣，而是依據我們獨特的品味量身打造，杯身還寫著我們（通常）獨特的名字。我們花四美元提醒自己「我很獨特」，跟別人不同，如果四美元就能買到尊榮感受，其實還蠻便宜的。

以上林林總總說起來，社會影響有時造成我們想跟別人一樣，有時則渴望不同。我們有時模仿別人，也或者想辦法凸顯自己。究竟我們什麼時候會做什麼？

答案要看那個別人是誰。

# 3

# 不想跟那種人一樣

# Not If They're Doing It

要是不跟著喝咖啡，就當不了唱反調的人。
——《南方四賤客》（*South Park*）

二〇一〇年開春一個早上，妮可・波利滋（Nicole Polizzi）在信箱發現一個意外驚喜，一堆帳單、型錄、垃圾郵件中，有一個大盒子，裡頭裝著全新的Gucci包。那個米白色加檀木黑的Gucci托特包上，閃耀著Gucci的著名雙G標誌，外加淡金色配件，售價九百美元，是當季最搶手的包，背出去會讓喜愛時尚的人士羨慕不已。

然而不只包包的時尚度讓妮可興奮不已，更棒的是那不是她買的，有人免費送她。不過有趣的地方來了，寄來這個包的人，不是妮可的朋友，也不是Gucci，而是Gucci的對手。

---

各位可能沒聽過妮可・波利滋這個名字，但大概聽過妮可的綽號「史努姬」（Snooki）。她的著名事蹟是言論瘋狂，打扮低俗，身材嬌小（一百四十二公分），參加MTV實境秀《玩咖日記》（*Jersey Shore*）之後爆紅。

《玩咖日記》的賣點是糟糕刻板印象中的義大利裔男女（guido and guidette）*，主角是一群不愛工作、二十多歲的年輕人，沒事喝得醉醺醺，惹事生非，在酒吧打架鬧事。男的身材粗壯，膚色像109辣妹，頂著刺頭，聽到喜歡的歌（或是任何開心的事）就會舉著手在那邊呦、呦、呦。女生則頂著全妝上健身房，為小事吵吵鬧鬧，還覺得穿緊身豹紋相當時尚。

史努姬是節目中最奇葩的一位，像是主張海水之所以是鹹的，原因是裡頭充滿鯨魚精液。她曾和某個高中體育老師互毆，還針對各式各樣的主題發表驚人言論，例如提到同性戀時，她說：「男人都是爛人，我討厭所有的男人，他們不懂如何好好對待女人。我認為美國的女同性戀比例會飆高就是這個原因。」提到政治，她又說：「我再也不曬黑了，因為歐巴馬（Obama）徵收一〇%的曬黑稅。我覺得他是故意針對我們。馬侃（McCain，譯註：曾與歐巴馬競選總統）永遠不會徵曬黑稅，因為他很白，大概會想要曬黑，歐巴馬顯然沒這種問題。」

史努姬因《玩咖日記》爆紅，奇特的個性讓她毀譽參半。她常上白天與晚間談話性節目，還和朋友珠兒（JWoww）合開節目，經常登上小報與名人雜誌。

史努姬知名度高，名牌店送她免費皮包不令人意外，置入性行銷是標準行銷手法，

*有人認為「guido」（義大利裔美國男性）這個詞彙，帶有種族歧視的意味，但由於節目成員也以這個字自稱，本文保留這個用法。不過要是有讀者感到被冒犯，我在這裡誠心致歉。

歷史超過百年，史努姬是當紅電視名人，每星期有無數雙眼睛看著她，企業自然會送她免費皮包，廣告自家品牌，增加銷售。數百萬人會看到她在《時人》（*People*）雜誌上的照片，也因此自家的皮包要是能剛好出現在照片裡，是相當便宜的強大宣傳。

然而史努姬的免費皮包是Gucci的對手送的，為什麼要讓敵人得到更多曝光機會？

——

史努姬其實不是唯一碰上這種特殊品牌經歷的《玩咖日記》成員，同一年A&F（Abercrombie & Fitch）付和她一起上節目、綽號「猛男」的麥克・索倫提諾（Mike "The Situation" Sorrentino）巨額天價。

付錢請名人代言，請他們穿自家衣服，同樣也是標準的行銷策略，參加奧斯卡典禮的女明星會因為穿特定設計師的衣服出席，得到豐厚報酬。蒂芙尼公司（Tiffany& Co.）請安・海瑟薇（Anne Hathaway）主持奧斯卡獎時戴它們家的珠寶，酬勞是七十五萬美元。廠商期望這樣的置入性行銷能增加銷售，人們看到自己喜愛的明星穿戴某樣東西時，想要的欲望就會增強。

不過A&F不是付錢請「猛男」穿自家衣服，恰恰相反，是付錢拜託他「別」穿。

## 扮一下福爾摩斯

假設你參加一場宴會，正在尋找聊天對象，和你一起來的朋友得和同事打招呼，失陪幾分鐘，只剩你一個人和豆泥醬傻站在一起。

你不認識現場其他人，不過旁邊有兩個人好像可以聊一下。一個穿得像文青，打扮包括窄版牛仔褲、磨損的皮靴，外加復古T恤，看起來像是從Urban Outfitters廣告走出來的一樣；另一個人看起來比較像專業人士，身上是Polo衫、卡其褲，以及帆船皮鞋。

這兩個人你會找誰聊天？文青還是菁英分子？美國服飾（American Apparel）的熱情支持者，還是看起來剛從布克兄弟（Brooks Brothers）離開的人？

選好了嗎？花個一秒鐘想想自己為什麼選了那個人，為什麼你選A，沒選B？

你剛才大概依據了兩個人的穿著打扮推斷他們是什麼樣的人，文青可能來自布魯克林，有點偏自由派，屬於創意階級，虔誠膜拜精釀啤酒，喜歡迴響貝斯藍草音樂（dubstep bluegrass）的新專輯，藝術電影如數家珍。

穿得像菁英的那個人，你大概有不同推論。那個人八成來自美國南方（或是新英格蘭），偏保守派，狂熱的大學橄欖球迷，以前應該是念私立學校，在金融界工作，玩過長曲棍球（lacrosse）。

太一概而論了嗎？沒錯。

搞不好只是刻板印象？的確。

然而我們一天會做無數次這種推論。我們像是業餘的福爾摩斯，依據周遭人士的選擇做出推理，車不只是拿來開，衣服不只是拿來穿，這些「身外之物」不斷地傳送無聲訊息給外界。

想一想大型金融服務公司如何招人，每次它們公布新的分析師職缺，履歷就會如雪片般飛來，數百個人應徵同一個職位，實在很難知道誰才是最適合的人選。誰會是可造之材？哪一位應徵者擁有必要的定量分析能力又能和客戶好好互動？

理想上，公司應該給每一位應徵者一段試用期，每個人都做幾星期，看看表現，接著選出最佳人選，但不可能這麼做。

因此企業靠著蛛絲馬跡判斷，例如應徵者念過什麼學校、以前做過什麼工作，或是其他能證明難以評估的特質的資訊。這個人畢業於布朗大學（Brown）嗎？畢業於那間大學不代表就一定會在公司表現良好，但公司可以依據過去觀察到的情形靠經驗猜測，如果布朗大學的畢業生一般表現良好，公司就會依據這個學歷決定要錄取誰。

有豆泥沾醬的派對社交情境也一樣，現場沒時間一問一答，或先跟每一個人都講過話才決定最後要跟誰聊天。我們可以透過認識的人打聽，但很麻煩，要花太多時間。

替代做法是利用他人的選擇判斷他們是誰、是什麼樣的人。穿North Face外套的人，大概喜愛戶外活動；用蘋果筆電的人，可能很有創意。研究顯示，人們甚至依據他人的購物清單推論一個人，例如你買Häagen-Dazs還是一般冰淇淋，影響著別人願不願意請你帶孩子。[1]

從某方面來看，這種推論似乎沒什麼道理，一個人買哪牌的冰淇淋，跟這個人會不會帶孩子有關嗎？沒什麼關係。

然而從別的角度來看，又很有道理，要是不做許多類似的推論，生活會寸步難行，我們還能如何判斷要跟派對上哪個人講話？怎麼知道哪個求職者比較合適？

---

訊號（signal）可以提供簡便的捷徑[2]，簡化決策過程，我們利用可觀察的特性，例如某個人穿的衣服、說話方式、開什麼車推論比較無法觀察的特性，例如適不適合一起喝杯啤酒或是共進晚餐，我們把線索拼在一起，協助自己破案。

此外單一訊號不會定江山，要是出現新資訊，我們可能修正推論。如果每次碰到文青打扮的人都很無聊——或是更糟曾經有那樣的人偷過我們的皮夾——我們大概很快就不想跟文青型的人講話。

然而我們不只會推理他人，我們選擇事物時還會看選項和什麼人有關。

假設請你投票決定是否支持新的福利政策，該政策預備給有一個孩子的家庭每個月八百美元，每多生一個，可以多領二百美元，此外還提供完整的醫療保險、職訓課程、二千美元食物券、額外住屋與日托補助以及社區大學兩年免學費；而最多只能領取八年，但到期後保證提供工作，而且要是又再生一個孩子就能續領。

各位會支持還是反對這種政策？

我們思考此類社會政策時，通常會以為自己的看法決定了自己的態度。我們對於此類議題的信念、感受，將影響自己支不支持政策，有人偏自由派，有偏保守派。若是保守派喜歡有限的福利政策，自由派喜歡大方的版本，十分正常，而史丹佛教授喬佛瑞・柯亨（Geoffrey Cohen）也做過研究，自由派的確喜歡慷慨版的福利政策，保守派則恨死了。[3]

不過柯亨教授的研究不只如此，他給部分保守派的受訪者看相同政策，但這次多加一條資訊：「共和黨人士普遍喜歡這個政策」。柯亨告訴他們，九五％的共和黨眾議員支持這項政策，認為「提供了足夠的保障……又不至於減損工作意願，不妨礙個人為自己負責的精神。」但內容還是同樣的醫療福利，同樣的期限過後保證就業，同樣各方面都很慷慨的政策。

理論上，保守派應該痛恨這項政策，因為這項政策違反他們所有的信念，在目前的真實世界中根本不存在如此慷慨的福利政策。

然而保守派的受訪者卻不痛恨，光是告訴他們其他共和黨人喜歡這項政策，他們的立場就完全調換過來。這下子他們愛死這項大方的福利政策，不只是支持，還全心全意支持，只因為他們以為自己的政黨喜歡這項政策。

各位如果是自由派人士，大概會覺得實驗結果證實了你長久以來的看法，共和黨就是一群盲從的人，黨說什麼就做什麼，根本沒用腦子好好思考。黨支持他們就支持，也難怪共和黨執政時毀了這個國家，民主黨比較會思考，也比較關注實際議題，對吧？

等等，別那麼急，實驗結果顯示，民主黨支持者也容易受別人影響。如果只看到政策資訊，慷慨與不慷慨，民主黨受訪者的確偏好慷慨的福利政策，然而要是得知其他團體支持哪一種政策，他們的看法就會反過來。如果告訴自由派人士，共和黨喜歡慷慨的福利政策，自由派人士就會說自己反對那項政策。此外自由派要是看到吝嗇版的福利政策，但又被告知其他民主黨人士也支持，他們會跟著偏好吝嗇版。事實上，要是沒有團體資訊，他們喜愛吝嗇版的程度還勝過慷慨版，人們的態度，完全取決於政策是誰在推。

然而要是問他們的政策態度受什麼因素影響，幾乎沒人提到自己支持的政黨。受訪者表示，是政策的細節以及他們對於政府治理的看法，影響著自己的決定。那麼民主黨或共和黨一般支持的觀點呢？受訪者說，那幾乎沒影響。

才怪！知道某個團體支持什麼，深深影響著人們的態度。知道某個政黨是支持還是反對，態度會一百八十度大轉變，不管實際的福利政策到底慷不慷慨，保守派要是以為共和黨支持，他們就支持；要是以為民主黨支持，他們就反對。自由派也一樣，只不過正好相反，支持以為民主黨支持的東西，反對共和黨喜歡的東西。

碰上政治觀點時，政黨影響力大過政策本身。

## 訊號來自何方？

本田推出小型跨界休旅車「Element」時，希望吸引二十歲世代的消費者，座椅可以摺疊，後方可以放置小艇或登山車，專替愛好戶外冒險的人士量身打造。廣告也採取差不多的策略，熱鬧酷炫的音樂中，二三十歲的人衝浪、滑雪，從事各種極限運動。

A&F服飾也替自己打造特定形象，黑白廣告中，一群超性感年輕人聚集在海灘上，享受人生樂趣。實體店內擺設也呈現類似氛圍，昏暗的燈光，魅力十足的店員，散發著天之驕子氣息的牆壁。

兩家公司想傳遞的訊息很清楚，想跟這群人一樣？跟我們買東西就對了。你不是在買商品，而是取得開啟某種生活方式的門票，如果喜歡戶外運動，車子就買Element；想擁有性感迷人的身材，跟帥哥美女約會，那就穿A&F。

然而企業希望品牌傳達的訊息，消費者是否照單全收？

本田的廣告說，Element就像有輪子的宿舍，適合帶腳踏車或衝浪板出門的大學生與二十歲世代——結果卻吸引另一群消費者上門。三十歲與四十歲世代喜歡這款車，因為很適合載孩子和買菜；年長人士也很喜歡Element方便上下車的設計，以及寬敞的內部空間，還有相對便宜的售價。

很快地，本田Element不再象徵著酷炫，開始傳遞不同訊息。

A&F也發生類似的事，不過在講這家服飾店的故事之前，我們得先知道體型不如人的青銅蛙故事。

對矮小公蛙來講，活在世上可真不容易。生命之初，首先要和成千上萬的兄弟姊妹以卵的形式漂浮水中，不到一星期就孵化，要是幸運沒被蜻蜓和魚兒吃掉，很快就長成蝌蚪，開始跟別人搶海藻，以及任何兩棲動物的小嘴巴能吞進的食物。然而越長越大後，小公蛙反而開始成為鷺鷥和綠頭鴨的美食，一不小心就被尋找小點心的鴨子大快朵頤，每二百五十隻中，不到一隻能長大成「蛙」。

就算順利變成蛙生活依舊不容易，得開始找另一半。天啊，那個市場有夠競爭！女士們要的不是真愛，而是能提供安全產卵處的紳士，在繁殖季節，坐擁好地盤的公蛙甚至可以擁有多次交配機會。因此春末至夏初，你離開舒適的原生溼地，跑到大家生孩子的地方，盡最大的努力找到最棒的池塘一角。

你跳啊跳，終於瞧見一個好地方。午後陽光消逝時，找到一個完美地點，植物茂盛，有遮蔽處，水又不會太深，該是時候扯開嗓門，告訴女士們你單身準備好找老婆了。

然而在你找到「對的那隻蛙」之前，周圍傳來來者不善的聲音，不曉得是誰扯著喉嚨對你咆哮，像是撥弄鬆垮斑鳩琴弦的聲音，跟你的聲音很像，但比較低沉。

大事不妙。

有人來搶地盤。

青銅蛙的聲音一般和體型成比例，體型越大聲音越低沈；而打架時，高大的惡霸永遠會打敗小可憐。

那體型不如人的青蛙該怎麼辦？要怎麼護住自己的地盤？

小隻青銅蛙會智取——用騙的，小小扯點謊。

體型不如人的青銅蛙要是碰上壯碩公蛙挑釁，不會發出自己平常的聲音，而會假扮他人[4]，讓聲音聽起來比較低啞。小隻青銅蛙碰上對手來搶地盤時，發出低頻聲，讓自己聽上去雄壯威武、兇惡十足，像大隻佬。

這就像租一台賓士車去參加高中同學會，或是把自己十年前的舊照擺在約會網站上。小隻的青蛙為了達到目的，也會虛張聲勢一番。

虛張聲勢本身不是壞事，每個人偶爾都會做這種事，誰不想看起來酷一點、聰明一點、有錢一點？有的人會因此購買傳遞此種訊息的物品。

不過當太多人都在虛張聲勢，或是當足夠的局外人為了更實際的理由也加入（例如年長者買Element車款），就會發生有趣的事，訊號的意義會隨之改變。

如果大量非戶外運動型的民眾開始穿North Face，希望增添冒險氣質，或只是因為覺得好穿，品牌可能失去冒險犯難的象徵意味。雪上加霜的是，人們可能開始覺得那個牌子是裝模作樣的人在穿的，品牌原本想傳遞A訊息，卻開始傳遞出B訊息。

那就是為什麼A&F看到「猛男」在《玩咖日記》穿自家衣服後開始擔心，發出公關稿聲明：

我們十分關切索倫提諾先生與本品牌之間的聯想可能嚴重毀損公司形象。我們的確了解一切皆屬節目娛樂效果，但也認為那樣的連結違背品牌本質，亦可能造成眾多支持者不悅。本公司因此提供麥克．索倫提諾（綽號「猛男」）以及MTV《玩咖日記》製作人優渥報酬，懇請該主角改穿其他品牌；我們亦提供劇組其他成員相同條件，目前正焦急等待回覆。

一般來講，名人要是穿上自家品牌，廠商會興奮到跳起來，然而A&F擔心「錯誤」名人穿自家衣服可能引發的後續效應。

萬一很多想學《玩咖日記》明星的觀眾開始穿A&F，這個牌子可能不再象徵著學院風的菁英白人，開始另有意涵，如果真是如此，想讓自己看起來像菁英白人的消費者可能不會再穿這個品牌。

人們不僅在乎某件事是否別人也在做、有多少人參與，也在乎這個「別人」是誰。

## 阿宅戴手環

有人在敲門，太棒了！先前兩小時，凱倫都在做電腦作業腦筋快燒壞了，正希望有藉口休息一下，最好是凱薩琳帶宵夜回來。然而凱倫打開史丹佛宿舍的門，卻看到兩個穿黃襯衫的學生。

「你好，我們是史丹佛防癌團體，」女生遞給凱倫一本小冊子，「為了推廣社群對於癌症的認識，十一月是史丹佛的『我穿黃色月』，我們一一登門，提醒大家小心這種重大疾病，並販售手環募款。」女孩把一個有塑膠包袋的黃色手環交給凱倫，「一個手環請至少捐一元，募款所得將全數用於癌症研究。如果沒有一元，兩角五分也沒關係，每一分錢都能盡一分心力，呼籲大家重視癌症，還能幫妳的宿舍爭光。」

「好，」凱倫說，「我捐，你們等一下，我去拿錢。」凱倫走到桌前，翻找上層抽屜，挖出一張皺巴巴的一元紙鈔，接著又說：「等等，我幫室友也捐一塊錢好了。」最後拿兩塊錢，換了兩個黃色手環。

「謝了！」門口的人說，「我們希望賣出越多手環越好，把理念宣揚出去。接下來兩星期，請戴著手環，鼓勵宿舍其他人一起共襄盛舉，那會幫我們很大的忙。」

「我會的，祝你們大賣！」凱倫關上門，繼續和作業奮鬥。

——

隔週，凱倫上完社會學的復習課，回到宿舍，大廳傳來香味，她探頭一看，一半的室友忙著翻找披薩盒，一半的室友忙著在紙上畫圈。

「你們在幹嘛？」她問鄰居。

「小聲點，」麗莎回答，「他們說要單獨作答，幾個商學院的學生在找人做問卷，參加的人可以拿到一片免費披薩。」聽起來還不錯，凱倫也從負責的學生那裡拿了一分問卷開始填。

問卷上除了一般性問題，例如凱倫多晚上床睡覺，還問她是否擁有或佩戴具有公益性質的物品，例如「５ＫＴ恤」，或「堅強活下去」（Livestrong）黃手環。凱倫沒有「５ＫＴ恤」，不過她有上星期買的黃手環，因此那題圈選「有」。凱倫答完數個問題，丟進其他填答完畢的問卷堆，抓走一片披薩。

---

如果請大家形容一般的史丹佛學生，多數人第一個不會想到「酷」這個字。「電腦很強」，也許吧；「聰明」，也許吧，反正腦海裡第一個出現的形容詞不會是「酷」。然而史丹佛學生雖然是一群認真念書的乖寶寶，以後可能要當生化學家，或是在筆電上演奏管弦樂，他們之中還是有分階級，如果以酷炫程度來分，最底層是SLE。

SLE是「建構式博雅教育」（Structured Liberal Education）的縮寫，也就是史丹佛特別專攻學業的宿舍。覺得一般的史丹佛課程還不夠重？喜愛學習的新生可以申請這棟特別的宿舍，額外沉浸於學術。SLE的學生閱讀量比別人重，還參加額外課程，例如「印度神話」和「中世紀基督教」；每年秋天，宿舍會表演希臘劇作家阿里斯托芬（Aristophanes）的作品《利西翠妲》（*Lysistrata*）。

住在SLE宿舍的學生，毫不意外被視為校園裡的阿宅。大家也不是不喜歡他們，只是不覺得他們跟「酷」扯得上邊。

要是這群「阿宅」開始做跟你一樣的事，你有什麼感覺？例如要是他們也開始戴黃手環，凱倫她們還會繼續戴嗎？還是會拿下來以免被當成阿宅一族？

我和史丹佛教授奇普・希斯（Chip Heath）為了找出答案做起手環生意。首先，我們造訪凱倫的宿舍，一間一間敲門賣手環。[5] 接下來不同研究助理再訪宿舍，請大家做看似無關的問卷，找出多少學生戴著手環（學生為了披薩，幾乎什麼都肯做）。

接著是阿宅的部分。我們到旁邊的SLE宿舍賣相同手環。最後研究助理把手環賣給阿宅後，回到凱倫的宿舍，看凱倫和室友還戴不戴。

學生有很多續戴的理由，手環還很新，而且代表你支持公益活動；此外這個手環也不是凱倫和室友不認識的東西，她們本來就在戴，因此知道阿宅也有戴，跟她們一群人是否喜歡那個手環無關。此外的確有人會不想做別人已經在做的事，但放棄你原本就喜歡的東西？動機一定很強。

的確很強。雖然那個手環象徵著支持公益活動，人們也喜歡那個手環，平日就在戴，然而阿宅戴上後，人們開始放棄那個手環。自從阿宅也跟風，凱倫的宿舍大約有三分之一的人不再戴。

有人說，她們不再戴該不會只是無聊了？不是，我們也到校園另一頭的宿舍賣手環，那棟宿舍戴手環的時間一樣長，但是沒有阿宅住在隔壁，所以被看到戴著手環時，比較不會被誤會是阿宅一員。沒錯，那群學生繼續戴著手環。

不再戴的學生不是因為手環舊了，或是壞了，而是因為不想被當成阿宅。

——

人們不想跟別人一樣是為了避免被誤認身分，或是不想被當成某種人。看到胖子大吞糖果的學生，開始少吃；勞動階級也把孩子取名為「小XX」（Jr.）之後，白領人士就不再取這個名字。休旅車銷量下滑，自從人們覺得它是足球媽媽在開的車；此外科技公司執行長會穿帽T，不穿西裝，以免被當成「嗯，那種穿西裝的人」。6

「身分誤認」（misidentification）成本高昂，穿著胸前印有亞洲蜘蛛猴獨立樂團標誌的上衣是一種很好的訊號，可以幫助你遇上音樂同好，甚至找到完美的另一半（「你也喜歡他們？！」）

然而要是追逐流行的人聽說這個樂團會紅也跟著穿，你的T恤就不再具備發送訊號的價值。除了你不再獨特，看到的人會弄不清穿著這件T恤的人究竟是獨立樂團的樂迷，還是喜愛時尚的人士。這個人喜歡吉他的重複樂句？還是Prada春季新裝？穿著這件衣服的獨立搖滾樂迷，因此可能被潛在的伴侶與朋友無視，還得忍受有人想跟他們聊「黑色是否真的是新流行」。

身分誤認會讓我們失去想要的互動，招惹不想要的互動；更糟的則是被視為冒牌貨——明明不是那個世界的人，在那邊裝什麼裝。

不過不是所有的身分誤認代價都一樣，例如以政治傾向或政治團體光譜為例，從最左到最右，分別是激進分子（極左）、自由派、溫和派、保守派、反動者（極右）。每一個團體的成員都希望被正確看待，不希望被當成別的團體。不過被誤認成相隔越遠的團體，懲罰就越大，多數自認的自由派當然不希望被視為溫和派，但被當成保守派更討厭；保守派也是一樣，不想被視為自由派。

被誤認得越離譜，代價就越高。你不是，卻被當成是，的確不是什麼舒服的事，不過被誤解得越厲害就越生氣。二十五歲的人大多不想被當成三十歲，但更是絕對不想被當成三十五歲（或是十七歲）。

被誤解得越厲害代價就越高。長著一張娃娃臉可能錯過升遷機會，不被認真看待；被當成年紀大，人們辦派對時可能就不找你，或是寄信邀大家參與新成立的足壘球聯盟時沒加你——被誤認的身分距離真相越遠，傷害越大。

不過相較於團體身分，會被誤認與特定訊號傳遞的隱形社會特質比較有關。青少年不太可能被誤認成四十歲的企業主管；滿頭灰髮的摩托車幫會成員不太可能被認成禿頭會計師。然而要是會計師為了裝硬漢開始騎哈雷，以後人們看到騎哈雷的人，可能推論騎士有會計師特質。

想像一下你人在霍夫布羅牛排館（Hoffbrau Steakhouse）吃晚餐，這是德州一間家族連鎖企業，阿馬里洛（Amarillo）和達拉斯（Dallas）都有這間餐廳的蹤影。霍夫布羅跟一般的德州牛排館一樣，菜單上都是超大分量，有包培根的菲力，雙人分德州兩步舞餐（Texas Two Step，加倍莎朗牛排，下頭墊著大量烤洋蔥），再餓的牛仔到霍夫布羅都一定吃得飽。草飼、手切、風味十足、烤到恰到好處的美味佳餚等著你。

你決定點煙薰莎朗，以山核桃木熏製而成的牛排，撒上一層厚厚胡椒，一聽就知道好吃。好了，只剩一件事——要點多大的分量？

你不是特別餓，菜單上有兩種選擇，「十二盎司」和「八盎司淑女餐」。你會選哪一種？十二盎司？還是淑女餐？

如果你是女生，很好選，大概會選淑女餐，研究人員提供女性受試者類似選項時，的確八成左右選淑女餐。

但萬一你是男生怎麼辦？

你不是很餓，小一點的牛排比較好，拜託，十二盎司可不是比八盎司多兩口而已，而是足足多了五〇%，很好選，對吧？

畢竟牛排只是牛排，人們不會因為一個男人點了淑女餐就誤認他是女的，男性同胞沒什麼好擔心的。

然而消費心理學家給男性這個選擇時，九五%的人會選大分牛排[7]，而且原因不是他們發現自己比想像中餓。當研究人員把小分牛排的名字改成「主廚特選」後，男性很願意點小分餐點，顯然男性同胞避開淑女餐，是怕別人覺得他們缺乏男子氣概。

## 裝白人

薛尼（Sidney）一九八〇年代中期在華盛頓特區長大，功課一向很好，他不是每個科目都拿第一，但通常比多數同學好。成績單上不是A就是B，標準化測驗分數同樣出色，九年級參加基本能力測驗時，分數遠高於九年級程度，自然、社會、語文都達大學程度，閱讀與數學也接近大學程度。

然而薛尼上十一年級時，老師發現他成績大幅退步，他還是很聰明，卻表現不佳。標準化測驗分數依舊不錯，但班上成績很糟，平均掉到只有C。

老師知道他有辦法考好，只是不努力而已，為什麼薛尼不肯發揮潛能？

---

數據清楚記錄不同種族的學業成績差異，如果看標準化測驗分數、輟學率、學業成績平均點數（GPA）、大學入學率與畢業率，非裔（與西裔）學生通常不如白人學生。以美國最大型的全國性學生測驗「全國教育進展評量」（National Assessment of Educational Progress）來講，非裔學生不管是閱讀還是數學，分數都低一〇%左右。[8]（如同本書探討的許多概念，相關數字只是平均值並非絕對值，但既然數據具有一致性，改變的關鍵就是要了解為什麼這種現象持續發生）。

許多原因都能解釋這種分數差異，例如資源，少數族群學生念的學校，比較可能經費不足；此外差別待遇與歧視也造成影響。有的老師和學校行政人員有意無意間降低標準，比較不常點少數族群學生回答問題，也比較常要求他們參加輔導課，種種因素都會傷害學生的表現。

不過除了以上的傳統解釋，還有一個更為複雜的因素。

一九八〇年代中期，西倪細亞‧佛德漢（Signithia Fordham）與約翰‧奧格布（John Ogbu）兩位教授，研究華盛頓特區高中「種族」與「學業成績」之間的關聯。他們研究的「國會高中」（化名）位於城市的低收入地區，而薛尼是校內學生。國會高中和其他學校一樣，校內有各種學生，有的表現好，有的表現不好。

然而佛德漢與奧格布教授深入研究學業表現時，發現「身分訊號」（identity signaling）扮演著關鍵角色。成績好或是上進階課程的黑人學生，經常被其他黑人同學嘲笑是「裝白人」或「奧利奧餅乾」（Oreo，外頭是黑的，中間是白的）。上圖書館、用功唸書或是努力考到好成績等行為，全被貼上「白人」標籤，受人排擠。

非裔美國人不該成績好的身分認同觀念，帶來極大的負面影響。許多黑人學生跟薛尼一樣，有能力在學校表現優異，但由於不想被同儕排斥而荒廢學業。

成績好的學生小心翼翼遮掩自己的能力，裝笨或扮演班上小丑，這樣就沒人能指控他們太努力。曾經有某位優秀學生，心不甘情不願參加校內《知識機智搶答》（*It's*

Academic）參賽隊伍選拔，條件是就算自己真的通過也不去。最後測驗結果出爐，她是全校最高分，但拒絕上節目。

佛德漢與奧格布教授指出：

美國黑人……開始把書念得好視為白人特權，有意無意間，要求自己的同伴不念書，不能模仿白人在學業上的努力，也就是不准「裝白人」。

果不其然，此一論點引發軒然大波[9]，兩位教授的研究發現遭受猛烈抨擊。

然而近日的分析進一步支持此一論點，兩名經濟學家分析全國近十萬名學生的樣本，發現「學校表現」與「人緣」之間的關聯，各族群的確不同。[10]如果是白人孩子，成績好與社會地位高有關，科科拿A的優等生，通常比成績有A有B的同學受歡迎。然而對少數族群學生而言，成績與人緣的關聯則不同。在學校科科拿A的黑人與西裔學生，一般比較不受歡迎。一如「裝白人」的概念，成績好的少數族群學生似乎因為花心力念書而蒙受社交懲罰。

膚色深淺也有影響。少數族群學生除了努力念書會被視為「裝白人」，長相要是比較接近白人也容易被嘲笑。這樣的孩子會努力避免發送不受歡迎的訊號，相較於膚色深的同學，膚色淺的學生更擔心被當成「裝白人」，也因此可能不念書。

研究顯示，膚色淺的非裔男孩，的確除了覺得自己人緣不如膚色深的同伴，學業表現也較不理想，GPA少了近〇・五。[11]長得比較不像拉丁裔的拉丁裔男孩，會故意在班上搗蛋，比較不肯完成作業，整體而言GPA也較低。[12]

此外，不只種族帶來差異，近日女權雖有相當大的進展，科學界、科技界、工程界、數學界（science, technology, engineering, and math，合稱STEM領域），依舊很少見到女性蹤影。女性大學生足足占了近六〇％，但STEM領域的女性工作者只占二四％。[13]

除了資源與歧視等因素，身分訊號也影響女性投身的領域。[14]研究發現，女性對數學、科學、電腦科學比較沒興趣，原因與她們如何看待那些領域的人士有關。女性普遍認為電腦科學是由喜愛《星艦爭霸戰》（*Star Trek*）與電動的宅男主導，多數女性對那樣的自我形象興趣缺缺，進而會避開相關行業，投身其他領域。身分認同的考量，導致許多有天賦、有能力成為優秀電腦科學家或工程師的女性改選其他領域。

身分訊號甚至影響父母將HIV病毒傳染給孩子。

南非花數十億美元對抗HIV與愛滋病，然而每年依舊有數千嬰兒在出生時感染。

挑戰之一是把正確藥物送至全國偏遠地區醫院，不過更困難的挑戰在於人性心理，有的懷孕母親因為不願承認自己是HIV陽性，拒絕接受可以救孩子一命的藥物。有的母親則是拒絕瓶餵，因親自喂乳而造成孩子感染，因為在某些地區，只採瓶餵的人會被視為感染HIV。換句話說，光是有好的藥物可以救命還不足以改善民眾健康，還得了解背後複雜的污名化與形象問題。

## 人們何時反其道而行

相關的研究發現令人震驚，不過也讓人想問，為什麼生活中某些領域會出現類似現象，其他則比較不會？例如非裔美國人如果和白人學生用相同的筆，不會被嘲笑「裝白人」。男性似乎也不在意與女性用同品牌的紙巾或冰箱；此外雖然罪犯吃麵包，一般人並不會因此不吃麵包——究竟什麼時候我們會避免跟特定人士一樣，原因又是什麼？

避免跟別人一樣這件事，與身分有關，答案要從身分訊號的交流著手。某些選擇所傳遞的訊息多過其他選擇。

以車子為例，假設你即將和某人見面，你先前從未見過那個人，但朋友告訴你，對方開Volvo旅行車，這個資訊讓你推論出什麼事？你即將見到什麼類型的人？

我們如果知道某個人開什麼車，不會因此對那個人瞭若指掌，但會有一些模糊的猜想（例如：開旅行車＝率性生活）。

那紙巾呢？如果有人用Bounty牌紙巾，那是什麼樣的人？我們能否因此推論出他們是自由派或保守派？住美國東西岸還是中部？答案大概是天曉得。

換句話說，人們選擇使用的物品，有的與身分地位有關，有的則比較無關。有關還是無關要看旁人能否觀察，例如除非你窺探別人的房子，否則不會知道對方用哪種紙巾、哪種洗碗精，也因此紙巾和洗碗精的選擇，比較難成為傳遞身分的訊號。

然而如果是身上穿戴的物品或開的車，就比較容易觀察得到，也因此更可能成為推論身分的線索。

此外有的選擇和用途比較有關，和身分地位無關。人們選擇紙巾與洗碗精時，考量的是好不好用——這種紙巾擦得乾不乾淨？夠不夠堅韌，好擦嗎？還是一下就破掉？人們做此類選擇時，主要著眼於功能性，也因此旁人比較無法從中推論身分。

其他類型的選擇則與功能較為無關，選擇的依據是品味。舉例來說，相較於紙巾，選什麼髮型跟功能比較無關。髮型和車子一樣，比較是看個人喜好，當然剛出廠的新車比破舊老爺車可靠，有的車比較不耗油、有的車可以載更多人，每輛車功能不同，但大多都能把人從A點載到B點。選擇受個人品味影響時，我們比較可能依據選擇來推論某某人是怎樣的人。

此外唯有選擇被視為身分地位的線索時，人們才會想辦法跟別人不同。如果別人無法從你購買的紙巾推論你是什麼樣的人，別人買哪牌紙巾對你來講都沒差。管他是阿宅或文青、女性或男性，他們買他們的，你買你的。罪犯可能也愛用Bounty牌紙巾，但你不會因此就不用這一牌，沒必要為了還有誰也在用，以後就不買。

## 售價30萬美元卻無法看時間的錶

每年春天，鐘錶業人士都會齊聚瑞士巴塞爾（Basel），參加年度盛事「巴塞爾國際鍾錶珠寶展」（Baselworld）。巴塞爾地處瑞士、法國、德國交界，完美融合鐘錶工業的「時尚」與「精準」兩大特質，每年超過十萬人來此參觀產業最炫的創新，包括最新的勞力士（Rolex）手錶，以及劃時代的多功能革新。

二〇〇八年的巴塞爾展向參展人士宣布一個特別的消息：著名瑞士鐘錶商羅曼傑羅姆

（Romain Jerome）旗下的「傳奇DNA系列」（DNA of Famous Legends），將推出獨特商品。羅曼傑羅姆先前推出過「月球粉塵DNA手錶」（Moon Dust-DNA），製作材料包括「阿波羅十一號」（Apollo 11）與「聯盟號太空梭」（Soyuz）的碎屑。每支錶的錶面是小型火山口，裡頭填充貨真價實的月球岩石粉末，錶帶纖維則來自國際太空站的舊太空衣，一支要價一・五萬美元以上並不便宜。

然而羅曼傑羅姆這次推出的新錶，價格更是遠勝月球錶，一支三十萬美元。

新錶被命名為「晝夜錶」（Day & Night），屬於精品中的超精品，不但材質用上「鐵達尼號」（Titanic）鋼身殘骸，陀飛輪不只一個，有兩個，可以減少地球引力造成的機械誤差。

然而棘手的地方是，其實也不是棘手，而是有一件事引人矚目。

這支錶不能看時間。

官網上寫著：「晝夜錶不顯示時、分、秒，以嶄新方式計算時間，將時間的宇宙分割成兩個基本對比：日VS.夜。」好吧，這支錶還是能看時間，但只能告訴你外頭是白天還是黑夜。

對多數人而言這支錶毫無用武之地，但相當適合足不出戶，家裡什麼都有、就是沒窗戶的億萬富翁，四十八小時之內就被搶購一空。

---

一般人可能會嘲弄買下晝夜錶的超級大富翁，但這種錶主其實有同好，德國錶商朗坤（Erich Lacher）推出「算盤錶」（Abacus）時，也採取類似做法。算盤錶一支只要一百五十美元，相較之下十分便宜，錶面沒有指針，只有一顆滾珠，珠子會滾到正確時間，讓人想起小時候玩過的迷宮遊戲。當錶和地面平行、完全靜止時，磁石會讓軸承抵達正確位置，顯示時間；而如果不以這種方式看錶就無從得知時間。

無法看時間的手錶只是眾多「無功能產品」的一例，也就是直接違反原始用途的物品，單速車或固定齒輪自行車是另外一例。

舊金山是單車大城，上下坡極多，但氣候宜人，四處設有專用道，到哪兒都有人騎單車。人們騎單車上班，騎單運動，不管去哪都可以騎。

然而，如果仔細觀察舊金山的單車你會嚇一跳，因為許多車只有一個齒輪。當然還是會看到齒輪多達十個的登山車，或更炫的公路車為了適應最崎嶇的地形，甚至可能達二十一速或二十七速；然而要是去看多數文青騎的車，你會發現只有單一齒輪，有的人甚至騎死飛車或固定齒輪車。後者的踏板動作與後輪連動，後輪轉，踏板也會轉，也就是說騎士如果想前進，不能停下踏板，而且沒煞車；剎車的唯一方法，就是靠雙腿讓移動中的單車減速，抵抗踏板的轉動。

舊金山是全球地形第二崎嶇的城市，為什麼住這種地方的人要騎沒煞車的腳踏車？答案是固定齒輪自行車與無法看時間的手錶一樣，能藉由減少或移除功能彰顯主人的身分地位。多數人購買相關產品是為了買功能，因此明顯放棄功能的版本，可以發送明確的身分訊號。如果是十速車連孩子都有辦法騎，但單齒輪則必須是高手才能駕馭。能看時間的錶人人買得起，但只有自我意識超強的人（以及不用錶也能知道時間的人），才會戴無法看時間的錶。

「無用」帶來了成本或進入障礙，有的成本跟錢有關，例如口袋深才買得起遊艇。不過世上還有其他類型的成本，例如時間也是成本。一個人得花很多時間，很多力氣，才有辦法獲得葡萄酒知識，或是精通法國哲學。

此外還有機會成本，像是編黑人辮子頭或穿眉環，可能令人難以找到高薪的辦公室工作。

忍受痛苦與犧牲奉獻也是一種成本，得做無數下仰臥起坐與不吃甜點，才能獲得塊塊分明的腹肌。

種種成本會造成某樣東西無法普及。多數人沒錢買遊艇，沒時間讀傅柯（Foucault）思想，沒有放棄碳水化合物的毅力。

不過相關成本也有好處。有成本就有辦法區分誰是真的自己人，誰只是跟風；誰真的懂很多，誰只知道皮毛。你不可能突然跳上單速車然後就會騎，得花時間與精神好好學。

發音也一樣，各位可以試著大聲念出「Krzyzewski」這個姓氏。

對有在看大學籃球的人來講，這題太簡單，杜克大學藍魔隊（Duke Blue Devils）的教練就叫「Mike Krzyzewski」，你大概聽過播報員，以及喜歡或討厭這個球隊的朋友講過數百遍這個名字。

然而如果沒在看大學籃球，念出這個姓氏會舌頭打結，一個字母，一個字母念，最後念出像是「可力滋—滋—艾屋—斯基」的不知所云（正確念法比較像是「胥—謝夫—斯基」）。如果要知道「Krzyzewski」的念法，你得自己看夠多的大學籃球賽，或是身邊有人看（或是說流利波蘭語），而看球賽花的時間就是一種成本。

當然有的人很願意整天看大學籃球，要是你告訴球迷，看大學體育協會（NCAA）比賽「成本很高」，他們會嘲笑你，把你趕出去——看球是很有趣的事，別胡說八道。

不過每個人看法不同，不管你熱不熱愛大學籃球，獲得這個領域的知識的確需要時間，而那個時間原本可以用來做別的事。看球付出的時間成本，能區別出「懂」和「不懂」的人。

——

成本還能解釋為什麼某些訊號歷久不衰，相較於有些訊號會退流行，為什麼有些反而不會？

一樣東西成本越高越可能保值，永遠是明確訊號。觀察者可以相當確定家裡有遊艇是有錢人，騎單速車的人很會騎車，原因是某樣東西成本越高外人就越難占為己有。此外成本減少了他人模仿的可能性，也等於增加訊號的價值，有的人就是有，沒有的人就是沒有。

以很炫的龐克頭為例，多數人喜歡被視為潮男但還不到願意剃光兩側頭髮的程度。龐克頭太突出，不利於找白領工作和約會對象，貝克漢（David Beckham）與C羅（Cristiano Ronaldo）等名人梳了「假龐克頭」後，中間有小尖刺但不必剃掉兩側頭髮的溫和版龐克頭，的確就此成為潮男跟風的髮型，不過大家還是不願做到剃頭那麼極端。

這也是為什麼龐克頭依舊能夠象徵反抗文化。留這種頭代價高昂，主流人士不願意剃成那種頭，印證了昂貴的訊號比較可能持久，並保有原本的意涵。

剛才提到的那支要價三十萬、不能看時間的錶，公司執行長伊凡・阿爾帕（Yvan Arpa）表示：「能看時間的錶人人買得起——只有真正尊榮不凡的顧客，有辦法買不能看時間的錶。」

## 當廉價品和高級貨看起來都一樣

我們請麥特（Matt）填寫一分簡單問卷時，他爽快答應。麥特是奧斯汀德州大學（University of Texas at Austin）學生，主修傳播，希望有一天能打進音樂產業，不過念大學很貴，因此他在地方餐廳打工收桌子，努力多賺一點錢。我們說填問卷可以拿五元時，他立刻說好，從包包裡掏出一支筆，在旁邊的桌子坐下，開始讀問卷上的指示：

本調查的目的是為了了解產品觀感。首先，請告訴我們您多熟悉時尚，麻煩圈選您同意或不同意以下幾句話的程度：我很懂時尚／我經常思考時尚／……。

麥特不認為自己懂時尚，他對衣服所知不多，從來沒讀過最新潮流的介紹，一點都不關心。他上一次買的「潮衣」是一件古怪的閃亮花上衣，是他和女友逛購物中心時，女友逼他買的。問卷上的暖身題麥特大多圈選「極度不同意」，接著翻到下一頁。

**接下來，您會看到幾個手提包的照片，請評估每一個包包的價格。在每張圖的旁邊，依據自己的估計寫下心中的價格。**

手提包？麥特心想：糟糕，我跟手提包一點都不熟。不過管他的，就猜猜看。

第一個手提包上，有Prada的商標，麥特記得，那好像是某個厲害的義大利品牌，因此寫下七百美元。第二個手提包上，印著Gucci的圖樣，所以他寫六百五十美元。

接下來第三個包，如右頁圖，金色的，好像是編織出來的，但上頭沒有任何logo，看起來就像那種在度假時逛海灘紀念品店會看到的便宜貨。

麥特在照片旁邊寫下二十美元，想了想之後，又覺得太高，劃掉二十美元，改成十五美元，接著看下一個包包。

工業革命之前，多數物品都是手工製作，每個家庭會紡好棉花與亞麻，接著織在一起自己做布。由於打造金屬零件不容易，當時的機械裝置大多是木頭製，凡事得靠手工，不

但麻煩通常還很費力。

隨著工具機、蒸汽引擎及其他技術不斷進步，出現一股緩慢穩定的變化。飛梭、珍妮紡紗機（spinning jenny）及其他工具讓紡織走出家門，進入大型專門工廠。軋棉機把一年的工作縮短成一星期，企業家開始鼓勵發明家打造更強大的新機器。

科技的變化帶來新的社會階級，人類的生活水準獲得提升，社會流動性也增加。從前社會地位一直相當穩固，財富世襲，頭銜從一個世代傳到下一個世代，決定了階級。一個人會成為貴族，是因為父親是貴族，祖父是貴族。有人是地主，有人是佃農，兩個族群之間的界線難以跨越。

然而工業革命改變了一切。以前有錢沒錢是命中註定，但工業革命後，財富有可能用賺的，不必有土地，只要有頭腦、有勇氣，再加上運氣，短期內就能累積一小筆財富。財富與社會階級脫鉤，冒出了「新富階級」。

新富階級是在騷動之中冒出來的新社會階級，個人靠自己白手起家，而不是靠繼承上層階級家族的財富。新富階級來自中下階層，新到手的財富讓他們得以消費先前只有上流社會能接觸的商品與勞務。

然而光是購買昂貴物品還不夠，新富階級不只想要錢，還想要隨之而來的社會地位。財富通常看不到，只有你自己才知道（可能再加上配偶）銀行戶頭裡有多少錢；然而地位是一種放在社會上才會顯現的東西，靠的是別人眼中的你，靠的是身邊人的敬重。

新富階級因此出現「炫耀性消費」，光是購買昂貴食材、高級碗盤或其他私人物品別人看不到，要買就買能向每個人炫富的消費財。購買商品與勞務，不只是在買商品與勞務本身的價值，而是在藉此取得地位聲望。

---

顯眼的訊號可以塑造身分。財力必須真的很雄厚，才有辦法買一條一萬美元的牙膏，然而就算買了那種牙膏，幾乎不會有人知道。車子和衣服就不一樣了，可以公開展示出來，也因此車子和衣服是較為常見的身分展示媒介。

品牌進一步透過顯眼logo與辨識度高的圖案幫忙彰顯身分地位，穿上鞋邊有勾勾的潮鞋或高價的Burberry格紋外套，都有助於觀者透過產品得知主人的身價。

理論上，倒過來講，便宜貨的商標就不會放得太明顯。人們大概會想讓別人知道，自己去Burberry買了東西，但如果是沃爾瑪，大概不會想廣播給全世界聽。價格與品牌尊榮度之間成正比。便宜貨logo小（甚至不放），高價品則放顯眼的大logo。

不過摩根・沃德（Morgan Ward）教授和我分析過數百樣商品，最後發現不同模式。[15]我們挑選「手提包」與「太陽眼鏡」兩大時尚類別，編號數百項樣本，觀察價格以及產品是否放上品牌名稱或logo。

如果是便宜貨幾乎都看不出牌子，例如五十美元以下的太陽眼鏡僅十分之二放上品牌名稱或logo。售價越高品牌就越顯眼，一百至三百美元之間的太陽眼鏡，近十分之九亮出品牌。然而價格再上一層樓後，品牌就趨於低調，五百美元以上的太陽眼鏡，僅十分之三露出品牌名稱或logo。

「價格」與「露不露品牌」並非完全呈正比，比較像倒過來的U字型。

缺logo的話觀者就比較難辨識商品（與價格）。我們請麥特這樣的人猜不同手提包的價格時，他們靠logo及其他顯眼的品牌標誌來決定，產品logo要是大，大概知道要猜多少錢。雖然猜出來的數字不是很精確，但有辦法區分高價品與便宜貨，知道Gucci包比Gap包貴。

然而要是拿掉logo，麥特這樣的人就毫無頭緒，無法分辨二千美元的包包，以及只要二十元的包包。*

如果說炫耀性消費很重要，為什麼有人願意花數千美元買下多數人會誤認是便宜貨的東西？

有的人說，購買昂貴品牌是因為品質較好，然而那無法解釋為什麼奢華品牌旗下的低調商品貴上那麼多。舉例來說，比較貴的賓士車，引擎蓋上的標誌比較小，價格每高五千美元，logo就縮小一公分。Gucci包和LV的鞋子也出現相同模式，Logo不明顯的奢華商品比較貴，低調的訊號反而成本高。

該不會有錢人就是討厭logo吧？

---

有的產品恨不得昭告天下自己是哪個品牌，有的產品則低調奢華。LV所有的鞋子都是紅色鞋底；Coton Doux的襯衫領口或袖口下方通常會有獨特花紋；某皮革牌子在自家許

多手提包、托特包或皮夾上，放上獨特交叉皮紋。

顯眼的品牌名稱與logo可以有效傳達訊息給更多觀眾（因為比較容易看到、比較容易識別），低調訊號則可能被忽視。多數人不會注意別人的鞋底，無法察覺低調細節，這種時尚就跟吹出特定音頻的「狗哨子」一樣，多數人無法解碼。

然而雖然訊號無法被多數人解讀似乎不是好事，卻也有隱藏的優點，大聲的訊號好認，但也因此可能被外人竊取或模仿。

拎著印滿LV標誌的包包很容易讓人覺得你很有錢，然而就是因為LV標誌很好認，容易被實際上沒錢但希望看上去很有錢的人模仿。

想想看哪種產品容易被仿冒？走一趟紐約市以賣假貨出名的運河街（Canal Street），或是瀏覽專賣贗品的網站，就會發現它們可不是什麼包都賣，越顯眼的包包越可能被仿冒。上頭的logo越大，品牌越明顯，越可能成為仿冒對象，因為購買仿冒品的人士要的其實是身分地位的象徵，品質好不好無所謂，他們在乎的是皮包傳遞的訊息。

---

*相同的現象也發生在其他種類的產品。T恤前面要是出現亞曼尼「A|X」（Armani Exchange）或「A&F」字樣，受訪者很容易認，就算商標放得比較低調（例如小小的「A|X」標誌），大約七五%的時候依舊被正確認出，但要是缺乏明顯的品牌線索就難以辨認，僅六%的人正確猜出品牌。

因此對某個領域十分了解的內行人，比較喜歡低調的訊號。低調的訊號辨識度不高，但可以區分自己人與模仿者，一旦想假裝自己很有錢的人，也購買印滿ＬＶ logo的手提包，ＬＶ就不再是理想的財富訊號，真正的富人會避開那種包，改選較為低調、行家才認得出來的標誌。

低調的訊號雖然無法被多數人辨識，一旦真正的自己人會懂，雙方可以心照不宣地交流。許多人認不出Bottega Veneta的設計，但時尚愛好者具備相關知識，有辦法辨認低調標誌。[16]

的確，我們請時裝系學生評估皮包價格時，他們輕鬆過關，不像麥特頭很大。他們不但可以準確評估露出logo的手提包價格，低調的包也認得出來，就算沒放上大大的logo，也知道哪些是高級品，哪些是便宜貨。

很多人都知道，勞力士手錶象徵地位，不過也正是因為如此，真正愛錶的人士通常選擇不會一看就知道的錶。舉例來說，多數人認不出江詩丹頓（Vacheron Constantin），但其他愛錶人士則能認出訊號，進而讚賞這個選擇。

還記得那個麥特覺得普普通通只值十五美元的包包嗎？那其實出自Bottega Veneta，一個要價六千美元，普通學生大多沒認出那個手提包的低調訊號，不過真正懂時尚的人，

一看就知道是什麼牌子。

接下來，讓我們來看仿冒的好處。

## 為什麼LV應該鼓勵仿冒

各位要是沒看過LV垃圾袋，它們長得像上圖：

不，我不是指LV那款材質酷似垃圾袋、要價一千九百六十美元的防水「雨滴袋」，而是貨真價實的垃圾袋，倒垃圾專用的那種袋子。

這款上頭有LV著名金色四葉花圖案的棕色袋子，很適合送給喜愛精緻生活的朋友，如果有人覺得自己的垃圾比別人高級，這個袋子很適合他們。

不過在各位驚呼「這世界是怎麼了」之前，再仔細看一下，圖中的垃圾袋花紋上少了ＬＶ的經典縮寫字樣，睜大眼睛後，你會發現袋子上寫的其實是「ＶＯ」。這不是ＬＶ出的袋子，這是假的。

---

不管是ＬＶ還是樂高（Lego），勞力士還是雷朋（Ray-Ban），全球近一〇％的貿易賣的是仿冒品。[17]每年大公司或大廠牌原本可以收到的五千億美元，最後通常落入罪犯之手，金額高過挪威、波蘭、比利時的年度生產總額。光在美國一地，仿冒品每年害企業損失超過二千億美元，一九九〇年代末Zippo打火機公司三分之一的營收落入仿冒者之手。

問題不只在於營收被偷走，消費者體驗過糟糕的仿冒品品質後，正牌的名聲就會受損；此外仿冒品滿街跑之後，正牌商品就不再獨特，消費者會覺得花小錢就能買到類似的東西，沒必要付全額買正品。

只要造訪全球任一大型港口，就知道問題有多嚴重。標示著「家庭園藝用品」的貨櫃箱塞滿成千上萬的假包包；通報是建材的東西，結果是一盒又一盒的仿冒運動鞋。

網路讓仿冒品更加橫行無阻。今日的仿冒品有門路直接賣給消費者，關稅局努力關閉賣假貨的網站，但新的又如雨後春筍一下子冒出來。此外仿冒者不是賺一筆就跑的小生意人，二〇〇八年的研究發現，eBay上販售的LV包與Dior香水幾乎全是假的[18]，貌似蒂芙尼正牌商品的東西，十分之八也是假的——違法的仿冒品滿街跑。

時尚產業自然不留餘力地打擊仿冒品，LV等品牌試圖註冊自己的「LV」圖樣，有的企業努力設計難以模仿的產品，Dolce & Gabbana則採取複雜的反仿冒措施，包括附證書、熱敏全息圖、紫外線安全封條。

萬一各種方法都失敗，還可以採取法律途徑，控告販售仿冒品的製造者、零售商與網站，光二〇〇四年一年，LVMH精品集團就花兩千萬美元打擊黑市，展開六千多次突擊，在全球提起八千多起訴訟。[19]

總而言之，時尚品牌費很大力氣打擊仿冒，覺得仿冒品傷害它們的事業。

然而有沒有可能仿冒是好事？該不會仿冒品反而幫了品牌一把？

兩名法學教授著手研究這個問題，發現答案是違反直覺的「沒錯」[20]，背後的原因與身分訊號有關。

人們在乎自己身上的衣服所傳遞的訊息，尤其是時尚愛好者，他們希望自己看起來很時髦，或至少不要穿著過時的衣服。

然而要是某個設計一直不退流行，人們就不用買新的，年復一年穿同一雙UGG雪靴、戴同一條窄版領帶。如果UGG雪靴與窄版領帶一直是酷炫象徵，人們就沒理由換別的，一直用，一直用，直到用壞為止。

一件衣服可以穿一輩子，多數消費者會很快樂，但零售商與製造商會頭痛，如果營收下降，公司就得裁員。

直到仿冒者出來拯救它們。

由於仿冒者會製造與販售仿冒品，正牌廠商不得不推陳出新，次等的仿冒品會損害正品，然而仿冒品所帶來的普及，也會改變穿戴某風格或某品牌的意涵。如果每個人都買得起神似當季LV包的東西，帶那個包出門就會失去發送訊號的能力。低價讓更多人買得起的時候，LV包就不再是尊榮或時尚的代表，拿它只代表你是大眾市場或時尚的追隨者，也因此真正的時尚人士會追求新品以免撞包。

語言也是一樣。青少年開始把「yolo」（you only live once，人只活一次）或「dip」（閃人）掛在嘴邊之後，父母也會學孩子講這些話，好讓自己顯得很酷、很潮。然而不屬於年輕族群的人也使用這些詞彙後，就會改變詞彙的意義，原本很酷的東西，變成裝年輕的人在講的話，所以年輕人就不用了。等祖母也開始在感恩節晚餐上講自己要閃人，所有人都會停止用那兩個字。

企業希望對外展現自己走在潮流尖端，因此一窩蜂學習「六標準差」或「全面品質管理」等管理風格。大企業或成功的公司會引來模仿者，小公司會模仿「創新」公司在做的事；然而一旦出現夠多模仿者，採取相關辦法將不再象徵公司是開路先鋒，也因此想跟別人不同的公司會換到下一個管理辦法。

也就是說，身分訊號會帶來流行也會帶來退流行。一開始的時候會有一小群人使用某個詞彙，或是一小群公司採取某個特定管理辦法，一旦率先採用的人被視為很酷、很創新，或是讓人想跟他們一樣，其他人就會模仿以求沾光。當越來越多人開始使用某個詞彙、某個管理辦法或其他文化事物，這些東西就會開始普及，形成一股風潮。

然而晚來的人開始加入後，訊號的意義會改變，原本很酷、很創新的東西開始走調，早期的使用者棄用，以免招惹不想要的形象。訊號的意義因此加速改變，到了最後，就連晚加入的人也不想玩，因為一點都不酷了，原本人人搶著要的東西被棄若敝屣。

時尚潮流原本就一直在變，但仿冒會加速循環過程。仿冒造成普及，而普及會加速時尚死亡，不過過程之中，仿冒品會讓消費者大喊自己想要新東西，莎士比亞有一句妙語：「衣服過時的多穿破的少。」

## 運用社會影響

不論是少數族群學生怕被貼標籤放棄學業，或是人們顧忌形象不肯接受治療皆令人感到惋惜，不過訊號一體兩面，若能正確運用，其實可以鼓勵人們做出好的選擇。

公共服務的宣傳通常著重資訊層面，尤其是衛教，例如勸人們別抽菸的廣告，大談來一根菸對健康有多少負面影響；反毒運動請家長「和孩子談談吸毒的危險」。這類宣傳背後的邏輯是資訊會改變人們的心意，告訴大家抽菸、吸毒、飲食不健康的負面影響，大家就會回心轉意，改做正確的事。

只可惜知道一件事不代表就會做出更好的選擇，青少年知道抽菸的風險，但還是抽了；孩子知道糖果和洋芋片對身體不好但照吃不誤。

把希望出現的行為「攀親帶故」到某群人或某個理想形象，通常是較為有效的做法，例如大力水手卜派（Popeye）每集吃下菠菜就變壯，據說這個聯想讓美國菠菜食用量增加三分之一。[21]打廣告的人很早就發現關聯的力量，像是請麥可・喬丹（Michael Jordan）代言五花八門的產品，鞋子、食品、軟性飲料……無所不包。想跟喬丹一樣嗎？那就用我們家的產品，人們看到自己的偶像做某件事，也會想跟著做。*

而如果是人們不想成為的人，也有同樣的效果。酗酒是大學校園的大問題，學生經常飲酒過量，導致各種意外與健康損害。

我和行為科學家琳賽・蘭德（Lindsay Rand）藉由改變部分學生心中的喝酒形象，來打擊酗酒問題。[22]我們到大學宿舍掛海報，海報上是一個怪咖（嘻哈裝酷男，但長得像電視喜劇《蓋里甘的島》〔*Gilligan's Island*〕中的船長）拿著一杯酒，提醒學生：「喝酒前要三思，沒人想被當成這傢伙」。我們把飲酒狂歡和學生不想要的形象連結起來，希望改變他們的行為。

這個策略的確奏效！相較於看到傳統資訊型海報的學生（例如：每年有一千七百名大學生死於酒精傷害，因此「喝酒前要三思，健康很重要」），看見酗酒會變成「那種人」的

*孩子可能不知道神力女超人（Wonder Woman）的力量來自花椰菜，也不知道他們模仿的運動明星喜愛甜菜，但分享此類資訊可以讓孩子多吃蔬菜及其他健康食物。曾有家長說服自己兩個兒子，綠花椰菜長得像恐龍樹，吃下去可以假裝是長脖子恐龍。愛恐龍的孩子覺得太酷了，告訴自己的朋友，很快地全托兒所的小朋友都喜歡吃綠花椰菜。請見布萊恩・汪辛克（Brian Wansink）的精彩書籍：《瞎吃：最好的節食就是你根本不知道自己在節食》（*Mindless Eating: Why We Eat More Than We Think*, New York: Bantam, 2007）

學生，少喝五〇％的酒。

我們也運用相同概念鼓勵健康飲食，找上某間地方餐廳的客人，提醒其中一群人，他們不想長得像吃了一堆垃圾食物。人們想到垃圾食物會讓自己變成不想成為的人，就選了健康沙拉，沒選油滋滋的漢堡——替換訊號可以促進健康。

---

類似的形象法可以應用在各種情境。歐巴馬總統談到「裝白人」一說的負面影響時，提到美國人需要「消滅看書的黑人是在裝白人的毀謗」。不過光是改變人們說的話，還不足以改變刻板印象；我們需要改變人們的印象，讓人覺得功課好也是少數族群學生會做的事。

在非裔美國人占多數的學校，成績好與人緣之間的關聯自然比較弱，由於此類學校成績最好的學生大多是非裔美國人，比較不會有人認為功課好是在裝白人。大家看見一個又一個的優秀學生都是黑人之後，很難覺得當優秀學生是白人在做的事。

精心設計的課程也能改變訊號，例如光是簡單改造一下環境，就能改變女性參與科學、科技、工程、數學的程度。如果教室擺的是一般雜誌和盆栽，以及其他中性擺設（而不是刻板印象中的男性物品，例如《星際大戰》（*Star Wars*）海報、科幻小說〕，或是讓女性與穿普通衣服的電腦系學生交流〔上衣沒寫著「我寫程式，故我在」（I CODE, THEREFORE I AM）〕，女性就比較有興趣選修電腦課。中性的環境或不像刻板印象的互動對象都能增加女性的歸屬感，感到自己能夠融入。[23]關注成績優秀的少數族群學生，尤其是人緣好的，也能有類似的族群效應，與某個行為連結的身分形象通常和該行為的「功能」同等重要。[24]

如果要了解某種危害健康的想法，一定不能忽視與污名相關的訊號，人們越覺得自己可能得某種病，越可能接受檢查，改變自身行為。然而列舉可能的疾病感染途徑時，萬一有污名化的元素（例如：不安全的性行為），人們反而會認為自己感染機率不大，比較不願意接受檢測。相較於得知某疾病有三種與污名無關的感染途徑時（例如：待在人多的地方），如果多加一條被污名化的途徑，人們會覺得自己感染那種疾病的可能性下降六成。感染途徑多，理論上感染風險會升高才對（三種變四種，又多一種可能感染的方式），然而人們卻因為害怕污名，反而不敢承認自己可能罹病。[25]

一般來講，操作身分訊號不只能讓某樣東西流行起來，還能一路長紅。如果人們支持某個理念，或是購買某樣產品原因是喜歡那樣東西傳遞的訊號，那麼人們一窩蜂的時候，支持度與銷售量會一飛沖天。

不過有時爆紅與消失都是一瞬間的事。今天很酷的東西，明天就過氣，人們忙著追逐下一個熱門議題或產品。

英國奢華品牌Burberry就曾經碰上這種麻煩。Burberry一直深受上流社會喜愛，愛打高爾夫球的銀髮高階主管是愛用者，然而二〇〇〇年代初的時候，Burberry的品牌意義起了變化。招牌的淺棕色花呢格紋，成為小混混的必備制服，喝酒鬧事的白人工人階級足球流氓每個人都在穿，計程車司機甚至拒載戴Burberry棒球帽的客人；後來又發生某吸毒肥皂劇女星帶女兒外出時，母女的衣服以及嬰兒車都是淺棕色花呢格紋造型，Burberry原本的愛用者連忙投奔其他品牌。

新任執行長安琪拉．亞倫德（Angela Ahrendts）為了重振Burberry聲譽，除了打擊仿冒品，還讓格子設計轉趨低調，九成的產品線拿掉經典格紋，就算有也藏在外套內側，不再大剌剌擺在世人眼前。

亞倫德的策略奏效，公司利潤上揚，東山再起，Burberry靠著讓品牌不顯眼，穩住高品質的地位，擺脫只想借用高級形象的冒牌貨。

另一種方法是提供多條產品線。豐田Camry安全又可靠，許多家庭都有一台，然而這款車的家庭形象讓其他消費者裹足不前。要是在公司升大官想炫耀一番，買一台象徵郊區父親的車一點都不拉風。

豐田為了滿足不同需求，推出了凌志（Lexus）。凌志是奢華感較強的品牌，屬於價格高貴的高級車，可以吸引想買比Camry時髦車子的人士。不過事情也跟身分地位有關。凌志讓開過Camry類似車款的車主，有辦法展現自己不同於開Camry的家庭，可以升級但又不必放棄豐田這個牌子。

豐田的另一個品牌「賽揚」（Scion）則迎合希望客製化的年輕消費者，除了提供不同功能，也提供不同的象徵意義。開賽揚代表的意義跟開豐田很不一樣，豐田靠著建立數個子品牌留住不同客層，每一個品牌提供不同的身分訊號。

此外「超越黨派」也是一種操作手法。共和黨不太敢碰自由議題，民主黨則不太敢碰保守議題，然而要是能把議題定位為人權問題就比較能超越黨派界線。更高階或更高級別的身分認同，可以讓民眾更願意接受某件事。如果說只要是人就該做某件事，人們就比較容易放下黨派之分，不會不敢碰。

目前為止本書探討了兩種社會影響左右行為的方式，一是「模仿」（imitation），二是「求異」（differentiation）。我們有時學別人做一樣的事，有時則故意不一樣，但還有第三種可能，也就是「同中求異」。

# 4

# 同中有異

# Similar but Different

歐洲一年召開兩次秘密會議，各國代表聚集在保密地點的大房間內，爭論不休數日，直到達成決議。每個人輪流上台報告，你一言我一語，最後選邊站。

不，那不是討論核安的會議，也不是G8高峰會，而是對日常生活影響更大的重要會議——「年度代表色」的決定大會。

——

色彩先知自一九九九年起開始集會，替即將在接下來十二個月攻占伸展台與貨架的顏色舉行塗油禮。

二〇一四年時，編號18-3224的顏色被推舉出來，也就是「蘭花紫」。這種活潑的紫色，微帶一點粉，被譽為「帶來創意與原創靈感的繆思女神」。

二〇一三年的年度色是「祖母綠」，此一翠亮的綠色象徵著安康、平衡與和諧。先前受到眾人推選的年度顏色，還包括「綠松色」、「忍冬色」、「探戈橘」。

會議主辦人是彩通（Pantone）這間跨產業的色彩公司，替數千顏色提供標準化參考索引。開會前，彩通會事先調查全球的製造商、零售商與設計師，了解他們明年計畫採用哪些顏色，找出哪些顏色具備流行潛力。接著與會人士在大會上整理、篩選與討論業界看法，最終集結成《彩通展望》（*Pantoneview*）。這本要價七百五十美元的刊物，不管是Gap、雅詩蘭黛（Estée Lauder）、包裝設計師，還是花卉產業*都人手一本。

此外，我們很難判斷彩通的預測是否只是反映出已經開始流行的顏色，也或者影響著哪個顏色會流行。彩通可能是早期的流行偵測系統，呈現即將發生的事，但也可能彩通的介入本身就是一場新流行的推手。

各家公司希望解碼明年哪個顏色會流行，因為要猜中靴型褲還是窄管褲會流行，或者買花的人喜歡鬱金香還是玫瑰已經不容易，還得挑顏色更是難上加難。消費者想要紫色鬱金香還是紅色鬱金香？灰色牛仔褲會大賣，也或者押寶黑色比較安全？

由於產品製造的前置時間很長，顏色必須在幾個月前事先決定好，農夫得種下正確球莖，工廠得訂購正確絲線，沒人想在季末時，因為有一堆賣不出去的存貨被迫降價。

*選出要製造的正確顏色有點賽局理論的味道，多數公司寧願追隨流行而不當少數派。然而雖然每間公司的製造決策受潮流影響，什麼東西會流行本身也受製造者決策左右。企業製造的商品會影響消費者買到的東西，讓某樣東西因而流行起來。此外「人多比較安心」，如果業界多家公司都在某年一起支持相同顏色，那個顏色更可能流行，也因此會暢銷。換句話說，彩通的顏色預測提供了重要的協調機制，大家的參考來源都一樣時，就比較不會挑錯顏色，不會每一家都推出橘色商品，只有自己推萊姆綠。

不過雖然押寶正確顏色很重要，不管是哪間公司、哪位設計師，都很難猜中到底哪個顏色會流行。每家公司都只擁有完整資訊的一小塊，只能看到在某幾個國家人們買了產品型錄中某一小部分產品。

企業因此需要彩通協助做出有依據的猜測。彩通蒐集全球五花八門的資料，（儘量）提供大勢所趨的公正觀點，讓各家公司大致了解目前的狀況以及接下來可能發生的事，預測未來或許會流行的顏色。

不過如果去看每年的年度色，將發現一個奇妙模式。二〇一二年被推舉的「探戈橘」，看起來非常類似前一年的冠軍得主「虎百合」，而且除非瞇著眼看二〇一〇年的年度顏色「綠松色」，要不然根本分不出和前幾年的「藍綠松」有什麼不同。

也許背後有某種文化演化論？該不會現在流行的東西將影響接下來會流行什麼？

## 預測下一個潮流

各行各業都有熱門焦點，電影有強檔巨片，新創公司有獨角獸（unicorn），唱片有白金唱片；《格雷的五十道陰影》（*Fifty Shades of Grey*）三部曲銷售量已經超過一・二五億本，希臘優格莫名其妙成為美國最熱門的食物。

預測文化潮流自然成為企業、消費者、文化批評者最感興趣的事。新書會大賣還是變庫存？某個公共政策計畫會暢行無阻還是會失敗？精準的預測能力將帶來很大的報酬。

企業為了增加預測的準確度，設計出複雜演算法，試圖預測某個產品或某首歌是否具備暢銷潛力——潮流預測師攪拌著茶葉，試圖猜測未來。

然而眾所皆知未來實在太難預測，前文提過羅琳當初四處碰壁的故事，即使是所謂的「專家」也很難慧眼識英雄。每有一個預測出有機食物會掀起浪潮的「未來學家」，就有其他十五個人預測「機器擁抱亭」會是未來趨勢（譯註：外觀有如公共電話亭，但功能是擁抱）。

前文的音樂研究提過，由於人們會從眾，哪首歌會成功是靠機運。預測某首歌、某種食物、甚至是某種顏色會多紅幾乎是不可能的任務，哪些東西成功、哪些東西失敗常常看起來像是隨機的結果。

然而會不會其實沒有表面上隨機？

華頓商學院教授艾瑞克・布拉德羅（Eric Bradlow）與統計學家艾列克斯・布羅斯坦（Alex Braunstein）、張姚（Yao Zhang，音譯）和我為了找出答案，決定研究一個人人皆略知一二的領域[1]——人名。

凱薩（Cesar）覺得有兒子很好，好吧，其實他到了乞求上帝給他兒子的程度，有時一天禱告兩次。他和太太瑞貝卡（Rebecca）已經有一對四歲雙胞胎女兒，實在是受夠粉紅色了。當然啦，女孩子除了上芭蕾課，還是可以踢足球、彈鋼琴，但家裡如果能多一位男性同胞會更好，不再那麼陰盛陽衰。

凱薩盡一切所能求子，一開始還只是小事，例如替嬰兒房挑選藍色，以及穿四角內褲、不穿三角褲。

很快地各式各樣偏方出爐，凱薩除了自己多喝咖啡，還鼓勵老婆瑞貝卡吃「會生兒子」的食物，例如紅肉、魚和義大利麵。此外他還翻閱中國的生男生女圖，決定受孕日期，還要求瑞貝卡喝含有「越創甘油醚」（guaifenesin）成分的咳嗽糖漿，以求紓緩黏液（理由就別問了），甚至跑去找靈媒。

焦慮不安中，四個半月過去了。

他們跑去照超音波，緊盯畫面，希望從蛛絲馬跡中判斷胎兒性別。

接著醫生的聲音如同福音一般，傳進凱薩耳裡——是男孩！

凱薩和家中女生樂壞了，會多一個男孩！不過這下子麻煩了，究竟要取什麼名字？瑞貝卡想出各式各樣的名字：伊萊（Eli）、朱利安（Julian）、麥克（Michael）、傑森（Jason）、丹尼爾（Daniel）、連恩（Liam）、蓋文（Gavan）、詹姆士（James）、霍頓（Holden）、塔克（Tucker）。

瑞貝卡懷女兒之前當過老師，所以每個名字都會讓她想起某個學生。蓋布瑞爾（Gabriel）聽起來還不錯，然而她教過最皮的孩子就叫蓋布瑞爾。霍頓這個名字也還不錯，但過去幾年學校好多孩子都叫霍頓。

此外兒子的名字也得配合兩個姊姊的名字，姊姊叫帕克（Parker）與艾麗（Allie），弟弟也得有類似的名字，音節數量要差不多，又不能太老派。

每一次全家人決定好名字，總會有人跑來告訴他們那個名字不好。瑞貝卡的媽媽抱怨：「『麥克』聽起來好老。」另一個親戚抱怨：「『連恩』聽起來太靈修。」從此之後，一家人決定不再告訴別人自己想取什麼名字。

最後在二〇〇六年初，基岡（Keegan）降臨人間。

名字跟其他字詞一樣，可以拆成幾個「音素」（phoneme）。每一個音素，代表著某個語言中不會與其他聲音混淆的聲音單位，例如Jake（傑克）這個名字最初的音是/j/（如同joy與jam），加上一個/ā/音（如lay與make中ay的音），再加上尾音/k/（如take和bake的尾音）。

音素有點像字母，不過有幾個重要不同點。英文只有二十六個字母，但有四十多個音素，因為不同字詞中的相同字母念起來可能不同。

各位可以試著念幾遍cat（貓）與laugh（笑），這兩個字的字母a，都發「ahh」的音。

接著再試著念Jake和maid（女僕）。這兩個字也都有a這個字母，但聽起來比較像「ay」的聲音，不像「ahh」。

字母e也一樣。end（結束）與friend（朋友）的e，發「eh」的音。be（是）與key（鑰匙）的e，則發「ee」的音。Jake這個名字中的e則不發音。

不同的字母有時發相同的音。kit（工具）與rack（架子）的字母k，都發「k」的音，cat（貓）與car（車）的字母c也發一樣的音。各位可以把cat的c換成k（也就是Kit Kat餅乾的「kat」），但聽起來依舊幾乎一模一樣。

「Keegan」（基岡）這個名字有六個字母，但只有五個音素。先是一個強音/k/（如同kick與kaleidoscope的k），再來是/ē/的音（如feet與leech中的「ee」音），再來是/g/（如同gas與gill中的g），再接/a/的音（如同fat與hat中的「ah」音），最後是一個/n/（如同Nancy這個名字或nice的n）。

---

瑞貝卡和凱薩夫婦覺得Keegan這個名字太完美，符合所有條件，念起來響亮，但不會過頭。很現代，又不會太明顯。此外還很像瑞貝卡娘家的性，可以把家族傳統傳承下去。

然而Keegan上幼稚園的時候，老師發現一件不尋常的事，雖然班上只有一個Keegan，但好多小朋友的名字聽起來很像，有Keegan（基岡）、Kevin（凱文）、Kimberly（金伯利）、Keely（奇力）、Carson（卡森）和Carmen（卡門）。二十個小朋友中，六個人名字是K開頭，或是發清楚的「K」音。為什麼這麼多小朋友都有聽起來很像的名字？

答案和「卡崔娜」颶風（Katrina）有關。

名字的影響力究竟有多大？不管是叫艾蜜莉（Emily）、艾瑞克（Eric）、艾普（Apple）還是布魯艾薇（Blue Ivy），人人有名字。名字不僅跟我們一生，還影響我們的人生的每一件事，包括別人眼中的魅力值，以及找工作時潛在僱主是否回電。[2]

也難怪家長絞盡腦汁替孩子命名。孩子即將出生的父母，花無數小時翻閱姓名書，找遍部落格，上天下地找名字。

然而究竟是什麼元素讓某個名字聽起來，嗯，聽起來特別棒？

「聯想」顯然扮演著關鍵因素，例如瑞貝卡不想取「蓋布瑞爾」這個名字，因為她會聯想到不喜歡的人。某個名字所帶來的聯想，深深影響著人們的選擇。伊娃（Eva）這個聽起來很傳統的名字究竟是好是壞，要看你喜不喜歡傳統；父母會避開「阿道夫」（Adolf）這個名字則有明顯原因（譯註：希特勒的全名是阿道夫・希特勒）。

不過分析不同名字在不同時期受歡迎的程度後，出現有趣的事。

美國社會安全局因為要負責提供社會安全碼，所以持續追蹤父母給孩子什麼名字，記錄下一百二十五年間，每年有多少新生兒取相同名字，例如一九九〇年、一九〇一年、一九〇二年……出生的人，有多少雅各布（Jacob）、蘇珊（Susan）、凱爾（Kyle）、潔西（Jessie）；以及二・八億多出生人口中，有七千多個名字。

有的名字越來越受歡迎〔例如：路克（Luke）與米雅（Mia）〕，有的名字則退流行〔例如：查爾斯（Charles）與伊麗莎白（Elizabeth）〕。有的名字流行過一陣子，但後來失寵〔例如：寶拉（Paula）與黛絲（Tess）〕；有的名字則二度重現江湖，一度很多人取又一度沒人取，再度很多人取又再度沒人取〔傑克（Jack）與蘿拉（Laura）〕。

我們翻閱資料時，發現颶風影響著人們命名孩子的方式，例如二〇〇五年卡崔娜風災過後，名字是「K」開頭的新生兒多了近一〇％（相較於前年）。一九九二年的安德魯颶風（Andrew）過後，開頭是輕音「ah」的名字增加七％。換算起來，數千嬰兒被取成某個名字，只是因為出生那年剛好碰上某個颶風。

乍聽之下這件事說不通，為什麼有人要用颶風的名字幫孩子取名字？

卡崔娜是美國史上傷亡最慘烈的前五大颶風之一，造成一千多億美元的財產損失，還帶走一千八百多條人命。[3]怎麼會有人想讓自己的孩子和一場如此致命的天災扯上關係？這就像把自己的兒子取名為史達林（Stalin），還希望別人都不會有聯想。

這種直觀想法的確有幾分真實，風災過後，卡崔娜這個名字受歡迎的程度下降近四〇%，人們對於這個颶風記憶猶新時，一聽到「卡崔娜」這個名字，第一個會想到颶風，因此許多人避免給孩子取這個名字。*

不過那不是卡崔娜颶風唯一帶來的命名影響。雖然颶風的確讓「卡崔娜」這個名字本身受歡迎的程度下降，同樣是以「K」強音開頭的其他名字，被挑中的機率反而增加，例如Keely（奇力）這個名字增加二五%，Kaelyn（凱琳）增加五五%，其他像是Kinsey（金賽）、Kate（凱特）、Carmine（卡門）、Cora（珂拉）也變得更受歡迎。

這種取名的方式的背後原因，與「適度相似」（moderate similarity）的優點有關。

———

父母挑名字的時候，會一直考慮某個名字有多熱門，獨特一點的名字是好事（取名叫「英勇・犯罪剋星」〔Moxie Crimefighter〕，各位覺得如何？），不過多數人還是希望孩子的名字該……怎麼說呢，正常一點。不過如果是菜市場名的話，大家還是會避開。

但除了某個名字本身，「其他」名字受歡迎的程度是否也有影響？

如果路上有很多小朋友叫Keegan（基岡），的確可能影響其他父母選不選這個名字，但Kevin（凱文）和Caleb（迦勒）呢？這兩個名字的開頭都是響亮的「K」音，是否影響了父母決定把自己的孩子取名為Keegan（基岡）？

的確有影響。某個名字如果近日很流行，也會帶動其他發音類似的名字。很多小朋友叫Mike（麥可）或Madisons（麥迪森）的時候，人們更可能把自己的孩子命名為Mogan（摩根）或Maggie（瑪姬）。Lexi（萊克西）或Lance（萊斯）兩個名字最近很流行的話，Lisa（麗莎）Lyle（萊爾）也會變多。

颶風對於孩子的命名有類似的影響，也是因為這會影響我們多常聽到某些名字，以及那些名字的聲音。

出現像卡崔娜這種特別嚴重的颶風時，人們會一而再、再而三聽見卡崔娜這個名字。卡崔娜登陸時晚間新聞會報導，雜貨店的人們會閒聊她造成全國多大災難。民眾一再聽見這個名字，以及組成卡崔娜三個字的聲音，這種反覆播送的效應（echo chamber）造成父母避免直接取「卡崔娜」這個名字，但也導致父母給孩子聲音相近的名字。

*不過有的時候，颶風來襲反而造成爸媽容易取颶風的名字。由於颶風剛走，想名字的時候很容易先想到那個颶風的名字，就算具有負面意涵，被挑中的可能性也會增加。我和研究同仁先前做過負面名氣的研究，證實類似現象，如果是被批評之前默默無聞的書，得到負評時銷量反而增加。

各種領域都會出現「類比模式」（Analogous pattern）。

有的車款長得比較典型，或是和市面上其他車長得像，例如福斯Jetta跟路上許多車像雙胞胎——都有標準水箱罩，微微朝上的大燈，很容易誤認成豐田、Nissan或是其他市場上現有的選擇。

其他車款的長相則比較不一樣。福斯金龜車（Beetle）看起來跟市場上其他車都不一樣，有圓圓的昆蟲眼睛，外加圓形車頂，如果直視的話，水箱罩簡直是在對你微笑。金龜車的底盤，其實和外觀普通的福斯高爾夫（Golf）一樣，技術也一樣，但外形十分不同。

視覺上的差異可以預測銷售，不管是國民車或較為頂級的車款，即使控制了價格與廣告等因素後，看起來最典型或是最像市場上其他車的車款通常賣得比較好。[4]

相似度會增加評價（及銷售）的原因，跟曝光率是一樣的。我們除了越常看到某樣東西就越喜歡，還會愛屋及烏，其他長得像的東西，也一併喜歡。

想像一下你被邀請參加某項實驗，該項實驗想知道，人們對新鮮或新奇形狀下判斷的速度有多快。

實驗人員用一閃而過的速度，讓你看幾張圖，一張圖閃過去之後，接著出現由黑點、白點與灰點組成的背景圖，讓視線可以停留，接著再閃過下一張圖。每張圖閃過的速度很快，可能看不清楚，但盡力就好。[5]

你看到的第一張圖長得像這樣：

影響

這其實是一個中文詞彙，但各位的任務不是猜出意思，只需要回答自己有多喜歡這張圖（萬一剛好會中文，請專心想自己有多喜歡這兩個字的筆畫形狀就好）。

好了，一分到一百分，一是一點都不喜歡，一百是非常喜歡，你給這張圖幾分？

你大概只有五毫秒時間看這張圖，大約是蜜蜂翅膀拍一下的時間，接著就會換成一張類似底下背景圖的東西，讓你清一清眼睛：

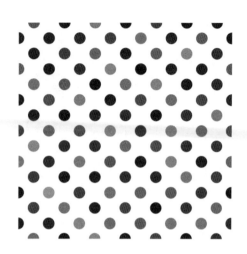

接著一秒鐘過後，你會看到另一張圖。你有多喜歡這張？

社会

每張圖一閃就過去了，沒時間仔細思考，看起來只像嗖嗖嗖過去的抽象形狀。看完幾張這種圖之後，你進入實驗第二階段。這次再度看到圖案，不過每張圖停留的時間長一點，大約有一秒鐘。

你有多喜歡這張？

# 传染

你沒意識到實驗第二階段的圖，其實混合了三種形狀，有些是你在第一階段看過的中文字，但一閃即逝，沒發覺先前看過但其實是重複的圖。

第二種圖是新出現的中文字，結構和第一種字詞一樣，不過剛才第一階段沒看過。

第三種圖是隨機多邊形，例如菱形或五邊形。

也就是說，有的是舊形狀（先前看過的中文字），有的是長相類似的新形狀（沒看過的中文字），有的是不同的新形狀（多邊形）。

科學家進行類似實驗時發現兩件事。首先，接觸程度會影響喜愛程度。人們喜歡先前看過的形狀，就算沒有發現自己看過也一樣；此外他們喜歡先前看過的形狀，勝過沒看過的隨機多邊形。如同學期中反覆在心理學課上見到的女生，越常看到某樣東西喜歡程度就越高。

更驚人的是，對某樣東西的評價提升也會影響到類似的新物品。人們看過某組中文字之後，更喜歡其他中文字了，就算先前沒看過也一樣。

不只是中文字有這種奇妙效果，研究人員發現，如果一開始出現的形狀不是中文字，而是多邊形，也會出現相同結果。先看過一組多邊形之後，受試者不只更喜歡已看過的多邊形，還連帶喜歡沒見過的多邊形。

常看到某樣東西，也會連帶喜歡類似的物品。

---

類似的東西看起來或聽起來比較棒的原因是熟悉感。如果先前見過，大腦比較好處理那個資訊，不必跟第一次一樣花很多工夫辨認。省力氣的效果會帶來正面感受，也就是我們所說的熟悉感。

我們喜歡熟悉感是因為熟悉有演化上的好處。孩子會因此依戀照顧自己的人，動物因此知道哪些植物可食；此外熟悉感還能幫助配偶不離開彼此，就算另一半令人情緒高低起伏，地板上亂丟髒衣服，在一起的日子跌跌撞撞，多數人還是覺得伴侶是老的好。

想像一下，要是碰到各種人事物，每次都得判斷是否安全、好還是不好、正面還是負面會發生什麼事。家裡那個人是我的伴侶還是強盜？冰箱裡的東西可以吃，還是有毒？

如果是這樣，連稱不上是做決定的簡單動作也會消耗太多力氣。吃玉米片當早餐將不再是習慣，而是生死攸關的決定，你得先把一片玉米片放進嘴裡，等著看有沒有發生什麼事，然後才能再吃一片。

人類及其他動物演化出可以減少此類麻煩的機制，如果碰到以前碰過的東西，尤其是最近才剛遇到的話，大腦會比較容易處理。不管出現的是人、食物，還是廚房用具，都不用再花相同的力氣辨識。

就這樣，大腦容易處理的東西被當成好東西，給人一股溫暖的熟悉感。

很重要的一點，在於這股溫暖的感覺不只影響我們實際接觸到的東西，還連帶影響和先前所見所聞具備相同特質的人事物。

跟你認識的人長得像的人，不論髮型相同或臉型相像，都會帶來一股熟悉感。[6]最近一直聽到「卡崔娜」（Katrina）這個名字之後，基岡（Keegan）這個名字聽起來也很不錯，因為都是強音「K」開頭。一樣東西看起來或聽起來熟悉，是因為與我們先前看過或聽過的東西擁有共通特質。

喜愛熟悉事物的天性，讓我們得以處理日常生活中四處出現的變化。同一個人或同樣的食物，在我們每次見到時不見得都一模一樣，熟人可能換穿不同上衣或是髮型變了。因此如果要能辨認「以前見過的東西」，大腦得有辦法處理換髮型這樣的變化。就算這星期見到的人和上個月見到的好友，看起來不完全一樣，我們必須有辦法靠著熟悉感得知他們是同一個人。要不然的話，每次我們看到某樣東西都會像是第一次接觸。

此外類似的事物也有助於推論。如果你先前吃過一百次某種莓果不曾拉肚子，長得像那種莓果的其他東西大概也能吃。如果你曾經與某人互動一百次，每次那個人都對你很好，長相類似的人（或許有親戚關係）可能也會很友好——喜愛類似事物是一條讓生活更輕鬆的判斷捷徑。

不過除了熟悉感，別的因素也在起作用。

## 舊人很好，但來個新人也不錯

民調機構有事沒事就替美國歷屆總統做一下調查，團體或媒體會整理歷史學家、政治科學家與民意等研究數據，看看誰帶給國家最正面的影響。如同《消費者報告》（*Consumer Reports*）幫汽車座椅排名，相關調查也會評估每屆總統的貢獻、領導特質與功過，接著排出「最好」到「最差勁」的總統（或至少排出「好」和「沒那麼好」）。

過去五十年間，出過多分高知名度的總統排行榜，不過某幾個名字總是一再被提及，著名的總統總是高居榜首，例如華盛頓（George Washington）、傑佛遜（Thomas Jefferson）、林肯（Abraham Lincoln）。其他像是小羅斯福（Franklin D. Roosevelt）、老羅斯福（Theodore Roosevelt）等成就卓著的領袖，也深深影響著歷史的走向。

甘迺迪（John F. Kennedy）、雷根（Ronald Reagan）、柯林頓（Bill Clinton）通常也是排名還不錯的總統，雖然研究總統的學者對他們的評價不特別高，他們在民意調查的名次也很前面。

墊底的也通常是那幾位，像是哈定（Warren G. Harding）與布坎南（James

Buchanan）。哈定讓提供政治獻金的人士與盟友擔任重要政府職位，那些人趁機中飽私囊；布坎南則是未能阻止奴隸制擴散與動盪衝突，最後導致南北戰爭中邦聯的崛起。

除去最好與最糟的總統，位於排行榜中段的總統名字逐漸湮沒在歷史之中。他們並未完全被遺忘，但沒有林肯那種正面影響，也沒有尼克森（Nixon）那種負面醜聞，民眾不常想到他們。

柯立芝（Calvin Coolidge）就是這種總統。

柯立芝一八七二年七月四日生於佛蒙特州普利茅斯諾奇（Plymouth Notch），他是美國史上唯一生於獨立紀念日的總統。他原本是律師，後來在麻州政壇崛起，成為州議員，最終成為州長。一九二〇年時被選為副總統，並在哈定一九二三年突然去世時成為總統。

柯立芝是主張小政府理念的保守派，在哈定醜聞過後重振人民對於總統制的信心，但影響力從來不如前輩或後來的總統。他很少開口，人們叫他「沉默的卡爾」（Silent Cal），毀譽參半。有的人贊同他刪減政府計劃，反對者則認為政府應該在經濟管制與引導上扮演更積極的角色。

不過柯立芝在總統任期內，雖然沒有太多值得人們緬懷的事蹟，他的名字永遠和一個人類基本行為連在一起。據說他和夫人葛蕾斯（Grace）造訪過一座公家農場，柯立芝本人生性害羞，但第一夫人很外向，是廣受歡迎的白宮女主人。

夫婦倆抵達農場後，各自參觀設施。柯立芝夫人走過雞舍時，問管理員公雞多常交配，對方回答：「一天數十次」。

柯立芝夫人回答：「請轉告總統這件事。」

稍晚的時候柯立芝也造訪雞舍，得知公雞的習性與太太的評語。

「每次都跟同一隻母雞嗎？」總統問管理員。

「噢，不是的，總統先生，每次對象都不一樣。」

總統想了想，點點頭。「請轉告柯立芝夫人這件事。」[7]

---

俗話說，變化是生活的調味料，如果我們只喜歡熟悉的事物，那就沒理由不每次都選一樣的東西。以前做過的事是最熟悉的事，每天午餐都吃一樣的東西，每天工作都穿同樣的衣服，度假都去同樣的地方。

做決定將變得很容易，因為通常根本不用做決定，做以前做過的事就好。

然而雖然一再挑選相同東西會很簡單，我們也能理解為什麼多數人討厭一成不變。

雖然熟悉感令人安心，我們還有另一種相反衝動，也就是追求新鮮感。[8]人類天生就喜歡刺激，喜歡那些新鮮、原創、沒體驗過的東西。

每天都吃一樣的火腿起司三明治，的確很安全、很熟悉沒錯，不過多數人也喜歡偶有嘗鮮的機會，體驗一下不同東西。火腿和起司很棒，但來點芥末醬呢？或是不同種類的麵包？巷口新開的那家店感覺還不錯，何不吃吃看？誰知道呢？或許鷹嘴豆泥和芽菜還不賴。

嘗試新事物可以讓我們獲得有用資訊，你可能認為自己最喜歡的冰淇淋口味是草莓，但要是從未試過別種口味，無從確認所謂的最愛。

因此我們偶爾會從龜殼裡探出頭來，試試不同東西，吃下巧克力冰淇淋、開心果冰淇淋，甚至是瘋狂的什錦水果或培根口味。

我們喜歡培根冰淇淋的程度會勝過草莓嗎？大概不會，但嘗試新口味可以讓我們得知自己的偏好。培根或許不能刺激味蕾，但說不定我們喜愛開心果的程度勝過草莓，不試一試新東西的話，永遠不會知道。

新鮮感有各種好處[9]，偶爾嘗試新活動（例如上陶土課、參觀博物館）可以增加生活滿意度。和另一半一起從事新鮮活動，情感滿意度也會上升；奇聞軼事比較引人注目，改造一下工作地點可以增加生產力。

不過新鮮感最常被研究的一件事是「柯立芝效應」（Coolidge effect），這個名字來自柯立芝總統夫婦那次造訪農場的故事。[10]養過倉鼠的人都可以作證，這種小傢伙很愛交配，有的才四五週大，就可以開始生育後代，一年生好幾窩。

倉鼠甚至可以一回合交配多次，有的公鼠可以一連與同一隻母鼠交配五到甚至十次，直到精疲力竭對交配失去興趣。母鼠可能會戳公鼠，但動不了就是動不了，無法再戰。不過，研究人員好奇，動物尋求新鮮感的衝動，會不會足以讓公鼠克服氣力耗盡。[11]公鼠看起來性趣缺缺一點都不想動，但如果給牠一隻新母鼠呢？

果不其然，公鼠雖然看起來沒力氣了，出現新的潛在性伴侶，就足以讓公鼠重振雄風。新母鼠出現時，公鼠性致又來了。

數種哺乳動物也被觀察到相同模式。老鼠、牛，甚至是田鼠也出現相同性行為。有的雌性動物也出現類似效應，只不過較不明顯。如同公雞碰上不同母雞，一天可以交配好幾次，對倉鼠來說，新鮮感也是愛的調味料。

所以究竟是哪一個？人們喜歡熟悉的事物還是新鮮貨？

## 金髮姑娘效應

回想一下第一次體驗某個新事物的時刻，想像一下你剛出差回來，走進客廳，發現另一半添購了新家具。「親愛的，我們家該換點花樣，這張椅凳剛好在打折，所以我買了。」或是你走進浴室，發現舊毛巾都被換成新的。「舊毛巾灰灰的，都爛了，所以我換成這種很舒服、很柔軟的綠松色毛巾，很美吧？」

你第一眼看到那些毛巾時有什麼感覺？第一次映入眼簾的那千分之一秒？

你的第一反應大概是不太高興地嚇一跳，你喜歡原本的舊毛巾，雖然邊邊有點破，但新的太……太新了，感覺格格不入，整間浴室很怪、很陌生，跟以前熟悉的地方不一樣，就好像你進的是鄰居家的浴室，不是自己家的。

新東西至少會在一開始引發一點負面反應，由於是新的，大腦得多花力氣處理資訊與關注，確認是否ＯＫ、是否安全。我們的好奇心被挑起來但也有點焦慮，新東西很嚇人，就算只是幾條綠松色毛巾。

新毛巾會跟舊毛巾一樣好用、一樣舒服嗎？在試用過幾遍之前我們無法確定。

不過重複接觸後，原本新奇的東西便熟悉起來。我們用過幾次新毛巾後，漸漸喜歡上它們，它們跟舊毛巾一樣舒服，而且浴室在沈悶的日子裡明亮起來。

新毛巾不再令人感到陌生，開始成為日常生活的一部分，幾週後，我們甚至不再意識到它們的存在。

不過過度接觸相同的東西之後，就會感到無聊。毛巾看起來很無聊，每天吃一樣的東西很乏味，電影看到第三遍就沒那麼有趣，原本帶來好心情的熟悉感，這下子單調無趣。

刺激越複雜，越不容易習慣，因此我們可能一下子就厭煩聽到同一首歌、吃同樣的穀片，但比較不容易對伴侶或餐廳感到厭煩。伴侶或餐廳給人的體驗比較豐富，通常每次體驗時會有變化。歌不太會變，但伴侶會講不同的話，每次我們看到他們時外表也不一樣，因此不會覺得每次都體驗到相同事物。簡單的事物可能一下子抓住注意力但很快就無聊；複雜的東西需要慢慢熟悉但吸引力較為持久。

此外互動的密集程度也有影響。同一首歌連續聽十遍會膩，但如果一星期聽一遍，連續聽十週，就沒那麼煩人。互動間隔越長，體驗帶來的新鮮感越強，我們也越喜歡。

自控也很重要。多數事物不會抵達令人厭煩的程度，因為在厭煩之前，人們就已經要自己別再碰。我們開始覺得做某道菜很無聊，就會一陣子不再煮；要是某家餐廳吃膩了，會轉換陣地幾個月，直到又想吃了才再訪，也因此正面感受不至於轉為負面。

某種層面上，我們的情緒反應有點像童話故事〈三隻小熊〉（Three Bears）中的金髮姑娘（Goldilocks）。故事裡每隻熊都有自己偏好的床鋪硬度和食物，一隻熊喜歡硬的床，一隻喜歡軟的，一隻喜歡適中的；一隻熊喜歡燙的粥，一隻喜歡冷的，一隻喜歡溫的。

金髮姑娘三種都試了一下，不管是床鋪軟度或食物熱度，她都不喜歡極端的那一種。硬的床太硬，軟的床太軟；熱的粥太燙，冷的粥太冰，介於中間的床和粥呢？剛剛好。

我們的情感反應通常類似「金髮姑娘效應」（Goldilocks effect），或是呈倒U字形。東西要是新，會有微微的負面（或中立）感受，接下來反覆接觸後，漸漸熟悉起來，感受轉為正面。不過接觸過多之後，隨之而來的是無聊，喜愛程度又開始下降。[12]

太新奇，過於陌生；太熟悉，又很無聊；兩者之間，則剛剛好。

英國心理學家研究人們喜愛不同姓氏的程度，也發現此一模式。[13]研究人員隨機從電話簿挑選六十個姓氏，請學生評估。一半的學生排名自己喜歡不同姓氏的程度，一半的學生排名姓氏的熟悉度。

大家很不熟悉的名字，例如巴斯金（Baskin）、納爾（Nall）、波多（Bodle），不太討人喜歡。光譜的另一端，大家超級熟悉的名字，例如史密斯（Smith）與布朗（Brown），也不討喜，那麼人們究竟喜歡什麼？

答案是人們最喜歡介於中間的名字，例如雪萊（Shelley）或卡塞爾（Cassell）這種還算熟悉的名字（至少對英國人來說），介於「不熟悉」與「太熟悉」之間的名字剛剛好。

此外我們可以讓一樣東西既熟悉又新奇。一首歌可以部分元素令人熟悉（和弦的進行或歌手的聲音），其他則是新的（歌詞）。火雞辣醬的新食譜可以混合以前煮過多次的食材（紅椒），再加上新鮮做法。道理就跟發音類似的名字一樣，變奏曲可以增加喜愛程度。

變化程度中等的事物通常也能吸引更多關注。[14]以剛認識狗狗是什麼動物的嬰兒為例，他們學到狗兒一共有幾隻腳、身上有毛，還有一般體型多大。

嬰兒看到先前看過的狗兒圖片時比較不感興趣，因為太熟悉了；看到完全不像狗的東西（例如：鯨魚），則因為太不熟悉感到困惑。不過如果是跟先前知道的東西或預期有點不同的動物（無毛狗），他們會感到特別好奇，因為不符合他們目前腦中的狗兒概念。這種圖片熟悉到可以懂，但又不同到足以引發探索興趣。

以正確比例混合熟悉與新奇還能帶動流行。古典樂如果音符間的連接聽起來像一般耳熟的古典樂，但又有不同年代的元素，受歡迎的可能性更大。[15]影響深遠的科學研究也一樣，通常是奠基於前人的努力，但又加上一點不尋常的概念組合。[16]流行的時尚風格，例如窄版牛仔褲，通常融合我們熟知的東西（牛仔褲），再加上新鮮元素（新剪裁）。

不論是音樂、時尚或任何領域，有潛力流行的事物通常符合金髮姑娘的中庸喜好。它們夠像已經存在的東西，有溫暖的熟悉感，但又夠新鮮，感覺像是新的，不是炒冷飯。相似會帶來流行，因為相似讓新奇事物散發熟悉感。*

再回到颶風與新生兒名字的例子，類似的名字同時結合「新」與「舊」的好處。如果凱倫（Karen）是今年最受歡迎的名字，到處都是凱倫，這個名字可能變得太熟悉，聽起來不再獨特，父母明年就會改挑其他名字。

不過家長雖然想避開菜市場名，挑名字時「凱倫」這個流行依舊左右著他們的選擇，凱蒂（Katy）或達倫（Darren）等類似的名字聽起來更順耳，讓人不知不覺間做出選擇。

## 最佳的不同

姍（Sam）是普林斯頓大三學生，剛完成政治學作業，準備去吃晚餐。美食社團（eating club）前擺著一張桌子，只要填寫簡單問卷，就可以換星巴克星禮卡，聽起來很簡單，因為約好一起吃飯的朋友等一下才會到，於是姍過去填。問卷開頭幾題是簡單的背景資料，目前幾年級、年齡、性別等等。接下來的題目問：哪一個詞彙最能說明你的時尚風格？學院風、潮男潮女風、運動風、經典風、前衛搖滾風、波西米亞風、印度嬉皮風、滑板龐克風或其他。

姍討厭被定義，想了想之後，每個選項都不適合自己，於是圈選「其他」，寫下「百搭風」。

---

幾年前一個涼爽秋日晚間，我出門遛狗，看見前方大約一個街區外有兩個人，那天是星期五晚上，外頭很熱鬧，很多人跟朋友出去吃飯或是喝個兩杯，但那兩個男生特別顯眼。他們身材跟一般人差不多，其中一個比另一個高幾公分，我會注意到他們，其實是因

---

*出乎意料的熟悉感更容易令人感到溫馨，如果我們知道某樣東西為什麼感覺很熟悉（「上禮拜剛吃過」），那種熟悉感帶來的喜愛之情，會不如出乎意料的熟悉感。相似的事物會流行，部分原因是它們令人感到熟悉，但又無法立刻指出原因。

為他們的衣服。他們的牛仔褲和運動鞋很普通，顯眼的是兩人的棕色橫條紋上衣，讓人想起古代囚服（雖然他們穿棕色），或是玩《威利在哪裡》（*Where's Waldo?*）時要找的人。

一群朋友穿得像不是什麼稀奇事，在星期五晚上，聚在一起的幾個男士可能都穿不塞褲子的扣領襯衫或Polo衫，另一群則都穿V領T恤加牛仔褲；女生可能一群都穿罩衫配高跟鞋，另一群都是UGG靴子加帽T。

不過扣領襯衫和UGG靴子很常見，棕色橫條紋上衣則有點罕見，兩個男生並未穿著一模一樣的衣服，一件是Polo衫，另一件是運動衫，只不過都有中間夾白色或灰色的棕色橫條紋——真怪。

難道他們要參加我沒受邀的條紋主題派對？也或者他們糟糕的時尚品味說明了社會影響如何影響著行為？

我和陳辛蒂（Cindy Chan）、立夫・萬博文（Leaf Van Boven）兩位教授決定到普林斯頓大學一探究竟。[17]

---

一八五三年時，普林斯頓大學的理事和教職員投票通過，下令解散兄弟會與姊妹會。（因為在南北戰爭開打前夕，不同社團常選邊站，校方擔心學生因此分裂，造成小圈子。）

禁令本身不成問題，但校園內沒有太多供餐的地方，少了兄弟會與姊妹會之後，學生被迫到鎮上的供膳寄宿處覓食。後來吃飯的選擇漸漸多了起來，到了一八七六年，鎮上有二十多處專做學生生意的地方，被稱為「美食社團」。

一直到今日，美食社團依舊是普林斯頓大學的社交中心，雖然兄弟會在一九八〇年代解禁，卻依舊沒有自己的聚會地點，且數量不多，參與的學生百分比不高。

今日學生的社交生活依舊繞著美食社團打轉，多數高年級學生在那裡吃飯，不少人還在那裡讀書、閒晃、從事體育活動。多數的美食社團會在星期四或星期六晚間會舉辦派對，不同社團還有自己的年度活動，配合成員喜好舉辦音樂會。

由於此類社團十分重要，我和幾位研究同仁好奇，人們所屬的社團是否影響他們的穿著。如同我看到的兩位穿棕色橫條紋上衣的朋友，會不會是相同社團的學生，都穿著某種「制服」？這種制服是否明顯到人們一看衣服就知道某個人屬於哪個社團？

我們選中兩個熱門美食社團做研究，一個是小屋社（Cottage Club），創始於一八八六年，又名「大學小屋社」（University Cottage Club），是普林斯頓大學年代第二久遠、最富傳統氣息的飲食社團。想參加的人必須接受名額不多的面試，通過祕密篩選才能進入。聚會場所由世界知名建築師設計，義式莊園般的建築，牆壁仿照亨利八世宮殿，每年的社員紀念照看起來都有點像J.Crew或Vineyard Vines的品牌廣告，男生都穿卡其短褲加樂福鞋，女生則穿粉色系衣服搭涼鞋。

我們選中的第二個社團叫露台社（Terrace），具備自由奔放的精神，率先拋棄嚴格的入會篩選規定，改採簡單的抽籤方式挑選成員，還提供素食或純素餐點，座右銘是「食物=愛」（Food=Love）。聚會場所看起來比較像奧地利滑雪小屋，不像飯廳，暱稱是「德蕾莎修女」（Mother Terrace）或「子宮」（the Womb）。社團成員走文青風，不走菁英風，穿匡威帆布鞋（Chuck Taylors）、裙子加褲襪，整體而言比較偏另類風或復古風。

五月一個傍晚，我們在兩間社團前擺桌子，願意花一點時間協助研究的學生，可以領五美元。除了要填一分簡短問卷，我們還拍下每一位學生從頭到腳的全身照，了解他們穿什麼。

接下來，我們把照片加上模糊處理，讓清楚的地方只剩衣服，我們遮住每個人的臉、照片背景以及所有的身分辨識資訊，讓看的人無從得知照片上的人是誰。光從剩下的線索判斷，就連最好的朋友都難以認出彼此，只看得見裝扮。

幾天後，我們聯絡完成先前的問卷的學生，把別人的照片一張一張拿給他們看，問他們一個簡單的問題：這個人屬於哪個社團，小屋社或露台社？

---

這個問題理論上不好回答，畢竟兩個社團的人也不是那麼不同。兩組人都念同一所大學，年齡相仿，家庭社經背景也差不多，而並非一組是高齡人士，一組是全身皮衣的龐克族。

此外每個人穿什麼是自己的選擇，兩間社團並未要求制服，學生可以任意把各種顏色、品牌、風格放在身上。

然而即便受訪者只得到零碎資訊，包括我們拍照時，當事人上半身、下半身、鞋子剛好穿什麼，大家依舊輕鬆猜出誰屬於哪個社團。八五%的情況下，受訪者把正確照片放進正確桶子，小屋社社員被正確識別為小屋社社員，露台社社員被正確當成露台社社員。

觀察者有辦法正確猜出社團身分，原因是我們做的事通常和身邊的人一樣，小屋社社員通常穿得像其他小屋社社員，露台社的裝扮通常像其他露台社社員。

不過事情沒那麼簡單，如同我遛狗時碰上的橫條紋二人組，同一社團的成員會穿類似的衣服，但不會完全一樣。小屋社社員一般穿得像貴族學生，但有的穿淡卡其色，有的穿深卡其色；露台社一般穿得較為另類，但有的穿藍色破牛仔褲，有的穿黑色破牛仔褲。模仿起了作用，但也同中求異。

此外同中求異並非隨機現象，說自己希望與別人不同的學生，打扮的確較為突出，T恤上有不尋常的龍圖騰，或是學院風的裙擺比別人多一點蕾絲。

特別希望讓自己獨特的學生，依舊一定程度上看起來像自己的同儕，別人也猜得出他們屬於哪個社團，不過他們的打扮方式也和朋友有點不同，同中求異，風格一致卻又獨特。

—

不過有人懷疑衣服的選擇，是否真的受社會影響左右，搞不好人們加入社團為的是和品味原本就相近的人做朋友。菁英風的孩子想跟其他走菁英風的孩子在一起，參加了小屋社，因為他們聽說那是菁英學生在參加的社團。換句話說，不是因為身邊有菁英風的人才讓他們的穿著走菁英風，而是本來就穿那種衣服，只不過刻意加入同類出入的場所。*

另一種可能則是或許團體規範鼓勵每個人穿差不多的衣服，如果出席要打黑色領結的正式場合，當然每個人穿得很像，此時服裝與社會影響無關，要看場合的規範或規定。

多數的場合不會強制規定每個人的行為，不過許多場合其實有不成文的遊戲規則，或是最好該怎麼做的建議。要去海灘？多數人會穿明亮或快樂的顏色，不會穿死氣沉沉的衣服；要去高級餐廳吃晚餐？最好換上好一點的衣服。同理星期五晚上一起出去玩的朋友打扮都差不多，可能是因為他們要去的地方，人們通常會穿特定服裝。

為了排除以上解釋，我們進行控制型實驗。我走訪不同校區，找人完成一分簡短問卷，讓受訪者從四個選項中，選出自己喜歡哪一個。

選擇一與車子有關。受訪者可選擇：灰色賓士高性能轎車（Mercedes Sports Sedan）、藍色賓士高性能轎車、灰色BMW轎跑車（BMW Coupe）、藍色BMW轎跑車。

選擇二與背包有關，兩個牌子，每一個牌子各有兩種選擇。受試者得知兩種產品的資

---

*凡是被觀察到行為類似的兩個人，都有此類問題。究竟兩個人像，是社會影響的緣故（依據他人的行為改變自身行為）？還是一開始就是因為同類相吸，才湊在一起？後者通常會被說是「志同道合」（homophily），也就是人們傾向與同類來往和交朋友。大量研究皆顯示人們比較可能和同類打交道，也因此難以判斷相關行為。如果兩個朋友都喜歡死亡金屬音樂（death metal），究竟是社會影響造成的（一個人先喜歡，拉著另一個人也喜歡），也或者兩個人原本各自都愛死亡金屬音樂，當初才成為朋友？實驗要是設計得當，就能區分這兩種解釋。

訊，例如價格與幾種功能，接著圈選自己會買的背包。

為了找出社會影響是否形塑人們的選擇，實驗也操控受試者是否得知「他人」的選擇。

一半的人選擇時，只知道產品資訊，他們會讀到每個類別的選項，接著獨立做出選擇。

另一半的人做決定之前，會先看到「別人」的選擇（類似線條長度實驗）。他們會被告知由於研究經費有限，每分紙本問卷設計成可以數個人同時利用；一分不只一個人填，兩個人做也可以，以求省紙、省影印費。18

「你會買哪一個？」的問題下方劃線處，設計成可以讓兩個人填寫答案，一個標上「受訪者一」，一個標上「受訪者二」。如果拿到沒人寫過的問卷，就在「受訪者一」那欄填上自己的答案，如果「受訪者一」已經寫著答案，就寫在「受訪者二」那一欄。

事實上這是騙人的。如果是社會影響組，我們會事先填上「受訪者一」的答案，讓問卷看起來已經有人選過某個選項。舉例來說，問到車子時，有的人拿到的問卷寫著「受訪者一」選擇灰色賓士，有的則看到前面的人選了藍色BMW。也就是說，每個人在做選擇之前，會看到以為是別人做出的選擇。

接下來我們檢視學生是否跟著「受訪者一」選，或者選其他答案。由於假的「受訪者一」答案是隨機選擇，恰巧喜歡某一樣東西的答案，不會有哪個選項特別多。

此外跟「黑領結晚宴」或「去海灘要穿什麼」不同的是，不管是獨立組或社會影響組，都沒有社會規範影響著人們的行為，因此可以找出別人的選擇如何影響人們的行為。

如果是模仿效應，別人選什麼，自己也跟著選；以為別人選了灰色賓士，自己也會偏向選灰色賓士。

如果出現求異效應，別人選什麼，自己會避免選一樣的；那麼知道別人已經選了灰色賓士，自己就會避開這個選項，從其他三個選項另外挑答案：藍色賓士、灰色ＢＭＷ或藍色ＢＭＷ。

不過此一實驗的結果，比單純的模仿或避免挑一樣的選項複雜，受試者沒有一面倒做一樣的事，也沒一面倒通通唱反調，而是選擇時同時既求同又求異。

如果看似前一個人選了灰色賓士，受試者一般會選藍色賓士；要是前一個人選了藍色ＢＭＷ，受試者一般選擇灰色ＢＭＷ——同樣品牌，不同顏色，類似但又不完全一樣。

相似度中等的事物融合「舊」與「新」，新奇加熟悉，依舊能滿足我們想適度和他人不同的需求。

如同線條長度實驗或羅琳的故事，人們希望有別人來確認自己的選擇，希望自己是某種群體的一部分，如果和別人類似，或是和別人做一樣的事，我們會產生自信自己做對了。

不過如同弟弟妹妹不想像哥哥姊姊，我們也擁有希望與眾不同的心理。我們不想跟其他人一模一樣，想當獨特的人，喜歡能區分自己與大眾的事物。

兩種動機感覺很矛盾，我們想跟大家一樣；又想要不一樣。別人做什麼，也想跟著做，但又希望獨樹一格。

適度的相似可以解決這個難題，我們跟朋友穿同一個牌子，但挑選不同風格的衣服；我們買跟同事同款的沙發，但顏色不同。

我們讓自身選擇類似身旁的人，或是自己所屬的團體，以求融入；不過我們也靠著選擇並非百分之百相同的東西，滿足想跟別人不一樣的心理。

我們獨特，但不標新立異。

人們就連做彰顯自我的選擇時也求不能過頭。如同史努姬與免費Gucci包的故事，或是阿宅與腕帶的實驗，品牌及其他種種選擇通常象徵著某種特定身分。如果有人整天穿Nike的衣服，其他人會假設這個人愛運動；如果穿Gucci，人們會覺得這個人追求時尚。以這類情境來講，品牌是一種「展露身分的標識」（identity-relevant attribute），穿上品牌可以透露自己的社會認同與偏好。

不過有的標識或許不是那麼明顯，例如看到有人穿藍色或黑色上衣，光靠顏色無法推論出太多對方的事。同樣地在多數情境下，穿無袖上衣或穿T恤發送的訊號也不多。

因此一個人如果想暗示自己的特定身分，但又覺得自己很獨特，通常會選擇相同的「展露身分的標識」，但選擇不一樣的「無關身分的標識」。例如剛當上律師的人，通常會靠著買BMW，告訴世人自己功成名就。如果想展現律師這個身分，但又希望不同於其他律師，可能會因此買橘色BMW。選BMW這個品牌為的是透露想透露的資訊，但又選擇不尋常的顏色，以自己和眾人區分開來。如果Fendi是本季的必備包，時尚人士會全跑去買Fendi，但試著挑比較不常見的顏色。*

明年會流行什麼顏色？沒人能確定，不過什麼會流行不像一般人想的那麼隨機。跟最近的流行有相同特徵的事物，紅的機率比較高。它們彼此相似到可以帶來溫暖熟悉感，但又不同到可以帶來新鮮感。

因此預測年度色彩或填空「——是新潮流」時，如果今年是黑色，明年可能是暗灰色。

## 運用社會影響

創新時尤其要既求同又求異。該如何介紹「乾濕兩用拖把」（Swiffer）這種新產品？革命性拖把？新型清潔工具？或者新東西該如何設計？無人車的座椅依舊應該朝前，只因為人們習慣面向前方的椅子，即使沒有朝前的必要？

新產品、新科技超前競爭者的程度可能以光年計，然而成不成功要看消費者接不接受。如果太像市面上原本就有的東西，消費者沒動力購買；如果今年的iWidget太像去年的，幹嘛多花錢買新的？然而如果創新太超前，又會出現其他問題，例如消費者會不曉得如何歸類（又乾又濕的拖把，什麼東西啊？），不了解用途，無從判斷自己需不需要。兩種極端都不好，得在「沒什麼兩樣」與「完全不同」之中取得平衡，要夠像，又要夠不像。

以汽車為例，以前馬匹是主要交通工具，但有缺點——速度慢、昂貴，甚至危險，馬車得看「引擎」的心情，在芝加哥等城市的死亡率，甚至是今日車輛的七倍。汽車可以解決馬車的問題，以更快的速度，抵達更遠的地方，甚至可以減少大城市馬糞滿地的問題。

然而早期要讓民眾接受汽車可不容易，得大幅改變心態。馬匹（和驢子）擔任交通工具已有數千年歷史，雖有種種缺點，但人們很習慣了，知道可以預期哪些事。汽車則是全新的東西，燃料不一樣，駕駛技術不一樣，修理技術也不一樣。改變需要慢慢習慣，人們頭一次看見街上跑的車前頭居然沒有馬，紛紛感到驚駭萬分。鄉村美國人認為這種「惡魔車」（Devil's Wagon）象徵著城市的墮落，還試圖立法阻撓。[19]別的不說，光是馬兒被轟隆隆的汽車嚇到，不受控制地拉著馬車乘客亂竄就是一大問題。

一八九九年時，一個聰明的發明家想出安撫民眾與馬兒的辦法，在「無馬馬車」

*換成其他情境時，顏色可能變成能展露身分的標識，此時改由其他元素彰顯自己的不同，例如哥德族與龐克族通常全身都穿黑色，但哥德族穿黑風衣，龐克族穿黑T恤。同樣的，如果流行蜜桃色，想展示自己跟得上流行的人士，可能全穿蜜桃色，但買不同牌子的蜜桃色衣服。人們究竟會選擇或避開某些標識，要看那些標識是否傳達身分訊號。

（Horsey Horseless）的車廂前方，裝上一個跟真馬頭一樣大的假馬頭。

那種車長得像馬車，呼嘯而過時，馬和馬車乘客就比較不會被嚇到。假馬頭的位置可以裝汽油。

在車頭裝假馬頭令人捧腹大笑，看起來很蠢，甚至有點喜劇效果；然而雖然現代人會嘲笑這種做法，是因為我們很難想像汽車剛問世時有多嚇人。在汽車車頭裝點人們熟悉的東西，降低新鮮事物帶來的威脅感有什麼不好？

事實上，如果要成功推出劃時代的創新，通常得在科技外頭包上一般人熟悉的外衣。[20]今日的數位錄放影機TiVo問世時，碰上跟汽車類似的挑戰。TiVo是新科技，有潛力開發出全新市場，然而要成功的話，首先得讓消費者改變行為，從被動觀賞電視，變成主動選擇要看的節目與收視時間。

為了改變消費者習慣，也為了幫助大家了解TiVo的服務，TiVo被設計成長得像錄影機。黑色的長方形裝置，被擺在電視旁或機上盒上方，就跟一般的錄影機或DVD機一樣。

然而要是拆開數位錄影機和錄影機（如果還找得到這種東西），就會發現裡頭的東西完全不一樣。錄影機就像舊式膠卷相機，磁帶（長條塑膠錄像帶）捲在裝置上，邊捲邊錄（或是邊捲邊放）。

TiVo完全不同。它是數位錄放影機，所以其實是電腦，拆開看不到膠卷。

也就是說，TiVo這種裝置沒必要長得像錄影機，形狀可以學標準的桌上型電腦，弄成亮藍色也可以，搞得像金字塔也行。

不過TiVo靠著民眾熟悉的外形，讓人願意接受跨時代的創新。把科技藏進看似眼熟的東西後，「異端」的接受度才能提升。*

---

*此一類型的視覺線索不僅可以增加新科技的熟悉感，還提供參照，讓人們得知如何評估新裝置。舉例來說，蘋果電腦的牛頓（Newton）是今日智慧型手機的前身，然而除了比照電腦設計，人們也以電腦視之，結果就是被當成次等電腦。PalmPilot只比牛頓晚幾年問世，但由於可以裝進口袋，長得又像記事本，人們以口袋記事本的標準來看PalmPilot，而不是拿來跟電腦比。這樣一比，人們覺得PalmPilot是一大進步，最後相當成功。

今日許多數位功能的視覺設計長得像前輩，我們儲存檔案時會按下軟碟圖示，刪除檔案時則會把檔案拖曳到像垃圾桶的圖示。出了科技的世界，也看得到視覺相似物，讓不一樣的東西感到熟悉，例如高級車的儀表板採仿木紋，素食漢堡上通常有炭烤烙痕。[21]

反過來也一樣，可以透過設計，讓小幅創新感覺更新奇。蘋果一九九八年推出iMac時，技術僅小幅突破，然而從視覺角度來看，iMac有著跨時代的不同。電腦不再是傳統的黑色或灰色方盒，而像軟糖，有橘子色，也有草莓色。大放異彩的iMac靠的是設計而非技術，滿足人們想要不同事物的渴望，消費者願意掏錢。

技術永遠不是單獨演變，而是與設計攜手合作，一同改變消費者觀點，兩者一起讓創新顯得剛剛好，「有點一樣，又有點不一樣」時，人們接受度更高。

---

就算我們自己沒發現，我們的思考、我們購買的東西、我們做的事永遠受他人影響。不過，社會影響的威力是否不僅如此？該不會就連我們有多努力也取決於他人？我們會決定多加把勁，或者乾脆放棄，會不會也受人左右？

# 5

# 來吧，寶貝，點燃我心中的火焰

# Come on Baby, Light My Fire

卡拉（Kara）靜靜待在黑暗之中，等候競賽開始，一場短跑賽即將展開，沒什麼複雜的，直直跑完跑道就對了。沒有會跌倒的彎道，沒有七彎八拐，眼前就是一條筆直大道，那種跑步長度她駕輕就熟。

卡拉有時有對手，不過今天只有她單獨跑，現場只有她，外加滴滴嗒嗒記錄著秒數的碼表。

她聽見觀眾席中傳來加油聲，預備出賽的同伴滿場跑，今天已經比過五場，卡拉即將參加第六場，一切的一切，將在一分鐘內結束。

燈亮，卡拉衝出閘門，起初慢慢跑，但逐漸加速，一路向前衝，直奔終點，無視於周遭盯著自己的眼睛。她有點緊張，甚至是害怕，但她一直跑，一腳跟上另一腳，最後在經過緊張的四十二秒後抵達終點線，氣喘吁吁，跑出目前最佳成績。

背後的黑色大門關上，卡拉退至角落，伸展六隻腳，整理自己的觸角。

卡拉是一隻蟑螂。

---

一八〇〇年代晚期，學者諾曼・崔比特（Norman Triplett）發表研究，開創今日社

會心理學的先河。[1]崔比特的印第安納大學（Indiana University）碩士論文，檢視兩千多名自行車選手的數據。一共有三種比賽方式，一種是獨自努力騎出最佳成績的個人賽，一種是直接與其他選手一起競賽，一種則是自己跟碼表競賽，但旁邊有另一人陪同。

崔比特比較三種比賽的秒數，發現如果同一時間有人一起騎，選手速度比較快。不管一起騎的人是否參賽，只要旁邊有人，選手的速度就會每英里快二十至三十秒。一起騎車似乎會提升表現。[2]

崔比特設計實驗，進一步測試自己的理論。他請一群小朋友收綁著一面旗子的釣魚線，看誰轉得快，崔比特記錄孩子的速度，有時是一個孩子獨自轉，有時是兩個孩子一起玩這個比速度遊戲。

最後的實驗結果和崔比特觀察到的自行車選手現象很類似，要是旁邊有人一起轉釣魚線，孩子的速度比較快。

後續許多研究也出現相同模式，光是旁邊有人，就會改變表現；通常有別人在的時候，人們表現較佳。

有一個實驗[3]是給大學生看一個字，接著要大學生在一分鐘之內，儘量寫下相關字詞；另一個實驗是學生讀到一段話，接著儘量寫下反駁那段話的論點。兩場實驗如果是一起作答（各自寫各自的答案，但旁邊有人），學生表現都比較好，想出更多相關字與反駁論點。

此類現象被稱為「社會助長」（social facilitation），我們身旁有人的時候，表現會比獨自一人快或好，就算那個人沒跟我們合作、沒跟我們比賽，光是有其他人在場，就會改變我們的行為。

此外不只是人類會出現「社會助長」現象，動物也一樣。[4]要是有其他老鼠在身邊，老鼠喝東西的速度比較快，探索活動也會增加。要是有其他猴子在，猴子會更努力做簡單的任務。兩隻狗一起跑，快過單獨跑；螞蟻身邊有同伴時，就算不是一起合作，挖出的沙是三倍。「社會助長」甚至影響多數動物吃東西的方式，旁邊要是有同伴在吃東西，雞就算飽了也依舊會繼續吃下去。

人類（與動物）在各式情境下，如果旁邊有同伴，表現似乎都會變好。*
然而值得注意的是，也有研究發現相反情形，旁邊有人時，反而表現變差。[5]
實驗請大學生做一個困難任務，記住一連串無意義的音節，如果面前有觀眾，受試者花較長時間才能記住，而且犯錯率較高。另一個實驗讓受試者矇著眼走迷宮，要是旁邊有人在看，受試者花的時間更長。此外人們考駕照時，要是車裡除了考官還有其他人在，通過率較低。

動物也一樣，要是一旁還有其他動物在，表現可能變差。[6]綠金翅（greenfinch）有伴時，比較分不清好吃與難吃的食物來源。鸚鵡（Parakeet）要是和其他鸚鵡一起受訓，要花比較長的時間才能學會走迷宮，而且犯錯次數會增加。

所以哪個才對？旁邊要是有人表現到底會變好，還是變差？

---

史丹佛教授鮑伯・札榮茨（Bob Zajonc）為這個問題感到困惑。札榮茨的學術之路十分不尋常[7]，他是家中獨子，一九二〇年代生於波蘭，全家在一九三九年為了躲避納粹，

---

*「社會助長」研究主要分成兩大類，一種檢視觀眾效應（audience effect），一種檢視共事效應（coaction effect）。前者研究其他被動的觀者如何影響表現，例如「一個人跑步」VS.「有人看的時候跑」，跑步速度如何受影響。後者研究幾個人在同一時間，各自做相同活動時表現如何受影響，例如「一個人跑步」VS.「自己跑步時旁邊也有人跑步」，速度如何受影響。兩種情況下，身邊有人都可能影響表現，而且理由類似。

逃離華沙，躲進親戚家的公寓，但抵達兩週後，房子就在空襲中炸毀，奪去雙親性命。

札榮茨雙腿也受了傷，十六歲的他在醫院被納粹逮捕，送進德國勞改營。在其他兩名囚犯的協助下，走了三百多公里路抵達法國，正要穿越邊境，又被德國人抓住，送進法國監獄。札榮茨策劃了越獄行動，再度逃脫，參加法國抵抗運動，和另一名囚犯走了約八百八十五公里路，一路偷食物與衣服，最後一位善心漁夫發現他們，帶他們到愛爾蘭。

札榮茨接著又從愛爾蘭抵達英國，他在逃亡過程中學會英文、法文、德文，替美軍擔任翻譯，戰爭結束時，在聯合國短暫工作過一段時間，接著移民美國，申請進入密西根大學（University of Michigan）念大學部，學校答應暫時收留他。札榮茨取得學士與碩士學位，一九五五年又拿到密西根大學社會心理學博士。

札榮茨是科學家，專長是挖出數十年間無人聞問的重要問題，接著用獨到見解以聰明的方式重新研究。他深入掌握人類行為，永遠在尋找複雜模式下的簡單關係，並從這樣的角度研究「社會助長」。

「社會助長」的研究發現似乎自相矛盾，無數研究顯示，光是有別人在，就能促進表現。觀眾或做同一件事的人，可以讓人速度變快或增加成效，就算不是在比賽也一樣。然而另一方面，同樣令人信服的類似研究則有相反結果，有別人在，學習與表現反而變差。

札榮茨有一個理論可以解釋這種差異，一個優雅簡潔的理論。

他只需要想辦法證明就可以了，於是卡拉登場。

——

請在心中想像奧運四百公尺跑道，一個大型紫紅色跑道，旁邊有看台，場邊擠滿尖叫的運動迷，每個人替自己的國家加油，選手各就各位，等候鳴槍起跑。

現在想像相同畫面，只是把人換成……蟑螂。現場不是肌肉發達、穿著彈性纖維運動服的短跑選手，參賽者是……蟑螂。一旁沒有拿著相機、揮舞旗幟、吹著巫巫茲拉的支持者，只有……蟑螂。

噁心死了。

一想到蟑螂通常令人感到噁心，這種討厭的生物四處跑來跑去，吃腐食，在暗處橫行無阻。

然而蟑螂其實是最愛乾淨、最吃苦耐勞的昆蟲，可以在沒有空氣的狀態下存活四十五分鐘，被浸到水裡半小時依舊可活。即使頭斷掉，身體也依舊可暫時活一段時間，頭部也依舊可撐數小時，要是冰起來並餵食，甚至可以撐更久（不過不清楚為什麼有人想做這種事）。

札榮茨覺得蟑螂是「社會助長」的絕佳實驗對象。他蓋了蟑螂運動場，一個方便計時蟑螂在通道跑多快的大型壓克力立方體。立方體一側是一個小小的昏暗起跑盒，和跑道相隔一道薄薄金屬門，蟑螂在裡頭等著上場。立方體的另一側是終點，也有一個和跑道隔著類似金屬門的小型暗室。

蟑螂痛恨光線，因此札榮茨不是靠鳴槍讓蟑螂起跑，而是用照明燈。他打開跑道入口與終點的門，接著把亮光打在起跑盒上，蟑螂會逃到跑道上，找暗處躲藏。整條跑道上都是亮光，因此唯一的庇護所是位於終點的盒子，等蟑螂終於鑽進終點，札榮茨便關上門，讓蟑螂回到暗處。

札榮茨計算蟑螂從一個盒子跑到另一個盒子，從打開一端的門，一直到關上另一端的門，共花多少時間。

為了測試他人的存在如何影響表現，札榮茨還蓋了蟑螂看台，在跑道旁小小的觀眾席內裝滿其他蟑螂。為了讓粉絲顯眼，但又不讓牠們亂跑，牠們和跑道之間隔著一道明顯的牆。札榮茨在某幾次的競賽，拿掉觀眾席，某幾次的競賽，放上觀眾席，測試其他人的存在（或該說是其他蟑螂的存在），是否改變參賽者的奔跑速度。

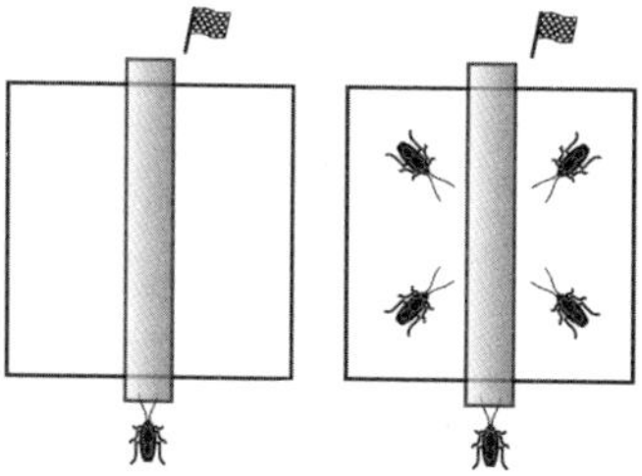

簡單測試：蟑螂只有一條路可跑

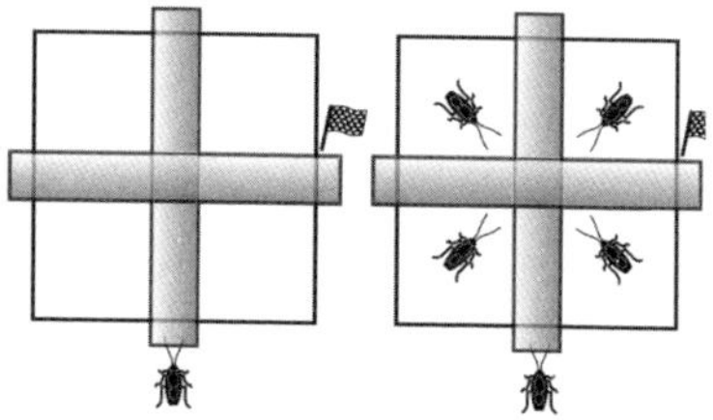

複雜測試：蟑螂想逃跑必須先轉對方向

太聰明的設計，根本是天才，不過還有一個關鍵細節。

札榮茨認為自己知道，為什麼旁人的存在可能帶來兩種相反效果，有時表現變好，有時變差。

他的理論是變好或變差要看做的事有多複雜，或是看人（或動物）被測量的項目。如果是簡單任務，或是受測者以前做過很多次的動作，有觀眾在表現會提升。然而要是任務有難度，或是必須學習新事物，觀眾則會妨礙表現。

為了測試這個理論，札榮茨打造兩種跑道，一種是直線跑道，一頭是起跑箱，一頭是終點箱，非常簡單。蟑螂只有一條路可跑，優勢反應（dominant response）應該是逃開光線，奔向終點。

另一種跑道複雜許多一條直線跑道的中間，有另一條垂直跑道穿過，像一個十字，因此蟑螂逃跑時有三條路可選，只有一條路通往安全避難所。

此外終點箱沒有擺在顯眼位置，不在起跑箱對面，而是設置在側邊，因此蟑螂得直直往前跑，接著左轉或右轉，然後再接著跑才能抵達終點。不能盲目亂跑，一定得試過不同選項，才曉得哪條路是正確出口。

很自然地，如果是複雜跑道，蟑螂需要更多時間，牠們得找出走哪條路才對，抵達終點的時間是三倍。

不過觀眾也會影響表現，如果是直線跑道，有觀眾在，蟑螂跑得比較快，時間幾乎少了三分之一。然而，如果是複雜跑道，有觀眾在有反效果，蟑螂跑的速度變慢，秒數增加近三分之一。

札榮茨想得沒錯，旁人會促進或傷害表現，端看任務的複雜度。[8]

---

札榮茨做了這個重要研究後，相同模式在數十年間被一再證實。如果是簡單熟悉的任務，有旁人在會促進表現（例如：速度或準確度）；然而如果是不熟悉而因此有難度的任務，表現會變差。

舉例來說，有別人在的時候，我們綁鞋帶的速度會變快，打領結的速度卻變慢（至少多數不常打的人如此）。[9]有別人在看的時候，撞球好手會進更多球，不熟練的人則失誤增加。[10]如果有觀眾，我們記筆記的速度會加快，若是用非慣用手則相反，如果是右撇子，有人在看的話，左手寫字的速度會變慢。

如果你曾和朋友一起上健身房，或是旁邊有人一起跑跑步機，你大概體驗過他人帶來的正面影響。就算你們沒比賽，有旁人在表現就會變好，你可以舉起更重的器材，跑步速度也稍微加快一些。

然而如果是路邊停車，有人看著你停車時，你大概會感受到他人帶來的負面影響。路邊本來就不好停車，要是有人在看通常會更停不進去。你覺得距離抓得剛剛好，卻太晚轉方向盤，又得開出去再來一遍；後頭開始有其他車在排隊，等著你停好。你再試一遍，但這次太早切進空位，又得重來一遍。車上的人開始看你，眼神說著你需要回駕訓班。

有些人停車技術就是差，不過「社會助長」也讓事情雪上加霜，有人在看，讓（有點）困難的路邊停車任務，得花更長時間才辦得到。

不論是促進或傷害表現，「社會助長」的發生，原因有幾種。[11]首先其他人可能令人分心，路邊停車或我們在嘗試的動作所需的注意力被分散掉。第二，他人會促進「印象管理」（impression management），意思是說我們希望在他人面前有好表現，因此會更努力。第三，部分也是印象管理的緣故，他人在場會增強心理激發（physiological arousal），讓我們心跳加速，血流速度變快，身體準備好應變。

相關因素促成自動、自然或熟練的動作變佳，讓我們覺得被挑戰，因而燃起鬥志，跳起來行動，原先擅長的事（例如：跑跑步機、做先前做過千百次的運動）現在變得更擅長。

然而如果是較為困難或是需要更多注意力的事，相同的因素則讓我們表現變差。其他人在想什麼？要是我車停得亂七八糟，他們會不會笑我？我們感受到威脅與焦慮感，擔心失敗，害怕做得不好，因而表現失常。[12]

## 能源帳單2.0

你今天有沒有收電子郵件？

對許多人來講，這還用問嗎？有，當然有收，你大概一小時前才剛收過，甚至一邊讀這一章一邊收信。

那天氣呢？今天有沒有查天氣？這星期有沒有查？那運動比賽分數呢，有沒有查？有沒有上社群網站？

我們查某些事物的頻率不如收信勤快，但的確經常確認，我們大概知道本週天氣情況，大概知道地方隊伍最近的表現，也知道高中同學去度假的阿魯巴（Aruba）有多美（還真是謝了，社群網站）。

然而你家用了多少能源？你或你的家人在房子或公寓裡耗了多少電？今天有沒有查？這星期有沒有查？這輩子有沒有查過呢？

能源利用是我們的社會面臨的最大挑戰，然而雖然每個人都知道能源很重要，但解決能源問題可能與技術無關，跟社會影響比較有關。

---

氣候變遷是二十一世紀全球最急迫的議題，不管你的政治傾向是什麼，科學證據鐵證如山，氣溫真的在上升。冰川正在後退，副熱帶沙漠增加；旱災與暴風雪等極端氣候事件出現的頻率增加；各種動植物正在消失，農產量減少，糧食安全受到威脅。

能源利用是全球暖化趨勢的核心議題，燃燒石化燃料會產生二氧化碳；車輛、工廠、發電廠排放的溫室氣體持續增加，隨著全球經濟成長，人類使用越來越多能源。冬天靠能源保暖，夏天靠能源保持涼爽，電腦有電才能開，工廠也需要能源運轉，我們上下班都會用到能源，全球工業化程度越高，自然資源枯竭得越快。

我們一定得做點什麼，想出辦法節約能源，要不然世界就慘了。

許多辦法規模龐大，例如政府規定發電廠的二氧化碳排放上限，或是要求車廠建立某種耗油量標準；其他辦法則牽涉新科技和替代能源。太陽能和風力發電廠開始普及，令人興奮的技術發展也讓地熱為人類所用。

我們試圖改變消費者行為時，也著眼於大改變。要買就買有能源之星（Energy Star）標章的洗衣機，每次洗衣服省水又省電；舊燈泡要換成使用壽命可達十倍的省電燈泡；就連閣樓也能採取更有效的隔熱方式，省下更多能源。

然而最簡單的辦法，其實是讓大家主動節約能源。離開房間時關燈，洗澡別洗太久；冬天時暖氣調降一兩度，人不在家時溫度不用開太高——大家共襄盛舉時，小小的節能改變可以帶來重大影響。

好吧，那我們要如何改變人們的行為？

———

如果要選出可能改革能源產業的人士，各位大概怎麼樣也想不到丹・葉茲（Dan Yates）這個人，他是聖地牙哥撐竿跳好手，頂著一頭幾乎及肩的長髮抵達哈佛，幾年後抱走電腦科學學位，對創業有濃厚興趣。

葉茲搬到舊金山，在某家企業短短待過一陣子，接著和哈佛同學一起成立教育評鑑軟體公司。公司很成功，三年後員工超過一百四十人，近五百個學區都是客戶，大型出版公司霍頓・米夫林（Houghton Mifflin）對該公司感興趣，於是葉茲和共同創始人決定出售事業。

葉茲替霍頓工作一年後，需要休息一下，和妻子計劃了一場永生難忘的一年旅程。他們買下一台二手豐田4Runner，從阿拉斯加出發，開過直直貫穿整個美洲大陸的泛美公路（Pan-American Highway），朝著四萬八千公里外阿根廷最南端的烏斯懷亞（Ushuaia）前進。

沿途風景優美，他們在玻利維亞西南部看見稀有動物，還在哥斯大黎加的雲霧森林下沐浴於壯闊林木蒼穹。

不過葉茲夫妻也目睹眾多環境浩劫，範圍廣大的雨林被剷平，人類燒毀樹叢與大自然，以取得土地種田。葉茲歸來後，想著怎麼做才能助環保一臂之力。

他和另一位哈佛同學艾力克斯・藍斯基（Alex Laskey），著手想辦法減少能源浪費，兩人討論許多點子，有的牽涉太陽能，有的跟減少排放有關。

不過葉茲看著自己的電費帳單時，想到了最可能成功的方向。電費帳單根本是天書，什麼管線送達費、電力調整費、規費，更別提那些看不懂的術語，像是千瓦小時（kilowatt hour）與撒姆（therm），帳單上有數十條欄位，上頭的資訊很難懂，根本不曉得在講什麼，葉茲覺得可以有更好的做法：「我不懂什麼叫千瓦小時，也不知道什麼是撒姆，也不關心；我只想知道跟鄰居比起來，自己用了多少能源，要用我能懂的方式告訴我。」[13]

葉茲不是唯一有這種感受的人，許多人覺得能源帳單像天書，所以就根本懶得去看細節，反正每個月要繳錢就對了。

或許社會影響能幫上忙。

---

聖馬可斯（San Marcos）是研究節能的好地方[14]，距離聖地牙哥五十六公里，恰巧地處內陸，一旁的五號洲際公路則環抱海洋。南加州以陽光出名，聖馬科斯也一樣，雨量不到美國其他地區一半，一年二百六十天以上都是晴天。

然而聖馬可斯冬天依舊冷到必須開暖氣；夏天暑氣逼人時，居民也大開冷氣。此外當地飽受旱災之苦，每幾年就限水，不同地區的居民，必須在一天之中不同時段輪流洗車，每週也只能在某幾天澆草坪，市民並未整天想著能源問題，但這的確是一大隱憂。

十多年前，在一個乾燥夏日，鮑伯・西奧迪尼（Bob Cialdini）、維斯・舒滋（Wes Schultz）、潔西卡・諾蘭（Jessica Nolan）、諾亞・戈登史坦、（Noah Goldstein）與維拉達斯・葛力斯凱文西斯（Vladas Griskevicius）幾位教授，在聖馬可斯做了一個簡單實驗。

研究生挨家挨戶拜訪社區，請大家節約能源，每家都拿到一個可以掛在門上的牌子（就像飯店的「請勿打擾」），鼓勵大家少用一點能源。牌子上的標語請大家改用電風扇、縮短沖澡時間、晚上不開冷氣。

節能運動試圖改變民眾的行為時，通常從三種訴求下手——省錢、環保或社會責任——為了測試哪一種訴求比較有用，家庭被分成幾組，每組拿到不同廣告。

部分家庭拿到的廣告強調省錢的好處，例如請大家使用電風扇的標語上說：「夏天到了，該是時候幫家裡省點電費。今年夏天怎樣才能省錢？關掉冷氣，改用電風扇！為什麼？加州州立大學聖馬可斯分校（Cal State San Marcos）研究人員指出，夏天用電風扇取代冷氣，一個月可省五十四美元。」

第二組則拿到環保廣告，鼓勵人們：「靠節能保護環境，夏天到了，是時候減少溫室氣體了。今年夏天可以如何做環保？用電風扇取代冷氣！為什麼？加州州立大學聖馬可斯分校研究人員指出，今年夏天要是用電風扇取代冷氣，每月可減少排放二百六十二磅溫室氣體！用電風扇，別開冷氣——這是環保的選擇。」

第三組拿到鼓勵大家當優秀市民的廣告：「夏天到了，我們必須一起努力節約能源。如何才能替後代子孫節約能源？不開冷氣，改用電風扇！為什麼這麼說？加州州立大學聖馬可斯分校的研究人員指出，今年夏天用電風扇代替冷氣，每月可減少二九％的電力需求！用電風扇，別開冷氣——這是符合社會責任的選擇。」

研究人員除了傳遞不同訴求，還比較每戶在收到節能廣告的前後各使用多少能源。多數人猜測環保訴求會最有用，不會比「省錢」或「協助社區」有用多少，但至少比較有效。

不過大家都猜錯了，答案是沒有一種訴求有用。節能廣告對於能源使用來說，完全零效果，不管是請大家愛護環境、省錢或是純粹當個好市民，民眾完全不甩，能源使用量一點也沒減少，就好像這些廣告從來沒出現過。

幸好研究人員還試了第四種訴求。第四種做法是不試著靠指出種種原因去說服人們節約能源，而是強調社會規範（social norm），也就是社區裡其他人在做什麼。「依據調查，夏天天氣熱的時候，您七七％鄰居都使用電風扇，不開冷氣，請關掉您的冷氣，打開電風扇。」

人們還真的照做！收到這則廣告的家庭，大幅減少能源用量，而且效果在最後一次收到呼籲之後，還持續數週！光是告知鄰居正在節能，人們就會少用一點能源。

---

葉茲與藍斯基從相關發現找到機會。社會規範以簡單又省成本的方式，減少民眾的能源使用量，只要提供用量數據，再加上其他人在做什麼的資訊，就可以有效減少能源帳單。

兩人成立Opower公司，全球一百多家公用事業合作，寄給消費者依據特定目標仔細設計的能源報告。沒有難懂的術語，以消費者能理解的方式，說明他們究竟使用了多少能源。這分依據聖馬可斯研究所設計的能源報告，可以告訴消費者相較於情況類似的鄰居，他們使用了多少能源，用得比別人多還是少。

「社會比較資訊」（social comparison information）提供消費者節能動機，不過Opower的報告不只如此，還依據不同消費者的狀況，提供量身打造的節能步驟，例如更換某些電子產品、關燈以及調整電視設定。

相關計劃讓民眾的能源用量減少二％左右。[15]一個人少二％聽起來不怎麼樣，然而全國加起來就很驚人了。自從Opower推出計劃以來，已經幫忙節省超過六太瓦時（terawatt-hour）的能源[16]，也就是六兆瓦時，等於阿拉斯加和夏威夷所有家庭相加，也就是超過二百一十萬人全年不用電。

Opower不只節省能源還幫忙減少二氧化碳排放量，累積起來等同二萬四千多座橄欖球場那麼大的美國森林，幾乎等於全芝加哥一年不開車。

光是告訴民眾跟別人比起來他們的表現如何，就有這麼大的收獲，顯然效果還不錯。

值得注意的是，事前問聖馬可斯居民這種訴求是否會成功時，多數人認為會失敗。他們在不在乎朋友與鄰居正在節能？大家說有一點在乎，但環保跟省錢重要太多。

然而事實並非如此，人們經常低估他人影響自身行為的程度。

---

別人顯然會讓我們更努力，更節能。不過如果我們做得比別人好，也會造成影響嗎？

## 落後的好處

各位可能對運動賭博沒興趣，不過請想像一下，現在有人給你一萬美元，要你賭某場籃球賽誰會贏。中場休息時，請你選擇你認為會贏的隊伍。如果贏了，就能留下一萬美元；要是輸了，嗯，就沒有一萬美元。

你捏了捏自己，確認自己真的這麼好運（以及朋友真的這麼大方），接著開始選要賭哪一隊。這場比賽節奏很快，兩隊都可能贏，一下A隊領先，一下B隊領先，直到有一隊展開攻勢，領先八分，但另一隊回擊，縮小差距，又反而超前，最後上半場結束時，其中一隊（就叫華盛頓贏家隊好了）領先另一隊（路易維爾輸家隊）一分。

各位會用一萬塊賭誰贏？領先的那一隊，還是落後的那一隊？

如果你跟多數人一樣，大概會選領先的那一隊，畢竟不管是贏得艱困比賽，或是努力成為辦公室第一名的銷售員，直覺告訴我們，領先者比較可能贏。上半場領先的曲棍球隊，最後超過三分之二會贏；棒球在三局後領先的球隊，最後超過四分之三會贏；籃球也一樣，領先的隊伍通常會贏，而且領先的分數越多勝率越高。舉例來說，要是中場休息時領先四分，贏的機會大約是六成。如果領先八分，則超過八成。

這種現象不令人意外，領先的隊伍，一般是較強的隊，這也是他們領先的部分原因。此外落後的隊伍要拼命追趕才能贏，如果想挽回頹勢，就得比對手得更多分。然而該不會落後有時是好事？會不會反而增加最後贏的機會？

——

我這輩子做過最好玩但挑戰性也最大的事，就是當小朋友的足球教練。我念大學時，曾經想從事有趣的課外活動，讓自己暫時忘掉課業。當時一位朋友提到Nike有一個計劃，是鼓勵大學生教孩子運動，由於我小時候父親當過教練，而且自己一直很喜歡足球，便覺得可以嘗試看看。

接下來幾個月，每個星期二、星期四下午，我都和十八個美國青年足球組織東帕羅奧圖區（East Palo Alto）的小男生一起度過。那是一群很棒但瘋狂的十一二歲男孩，我等於是他們的老師兼保姆，我們跑步增加體能，練傳球促進團隊合作，也練三角錐運球建立自信與技巧，在場上跑來跑去，追來追去。我不是最好的教練，但試著把自己微薄的比賽知識傳授給他們，協助他們成為更好的球員。

整體來講我們算強隊，有一個高大又靈活臭屁前鋒，另一個前鋒個頭矮、速度快但經常得分。隊上還有兩個不錯的後衛，以及幾個在場上怎麼跑也不累的厲害中衛。

然而真的上場比賽時，戰績起起落落，有時踢得很好，當孩子們第一次執行「給了就走」戰術時，看到他們內化練習時學到的東西，我感動到熱淚盈眶。

然而有的時候他們又踢得亂七八糟。有的動作一週練數十次，而且週週練，但就是展現不出來，不管怎麼練都沒用。

我是教練，比賽時什麼都不能做，只能在場邊踱步，擬好改善動作的計劃是一回事，真的要激勵大家做出來又是另一回事。我可以調動球員，但比賽操控在孩子手中。

我在中場休息時，有機會鼓舞大家的士氣，我們會在草地上稍微排成一個圈，孩子猛灌水，吃切片柳丁，接著我們講解戰術，指出剛才哪裡表現不錯，哪裡需要改進。我會試著加油打氣，像是：「你們可以的！」或「去吧，擊敗他們！」然而孩子接著會自顧自地踢下半場，無視我在休息時提醒他們的事。

不過雖然我的精神喊話似乎不會影響孩子踢球的方式，中場時領先或落後則有影響。如果中場休息時領先或平手，接下來會踢得還ＯＫ，有時贏，有時輸；然而要是中場時還落後則不一樣，孩子似乎會特別有鬥志。中場時如果是零比一落後，結束時會是三比二獲勝。如果是一比三落後兩分，結束時會是五比三獲勝，落後的時候，我們似乎踢得比較好。

我是教練，這種現象令我抓狂，如果有辦法後來居上贏得比賽，為什麼不整場都踢得好？顯然我們球技夠，衝勁也夠，為什麼只有在快輸的時候，孩子才拿出實力？

---

一支隊伍在比任何比賽時，會贏還是會輸的原因很多，包括團隊默契、球技、主場優勢等等，甚至連天氣都有影響；然而該不會我們隊上的表現，符合某種常見模式？行為經濟學家德文・波普（Devin Pope）和我決定找出答案。足球是得分少的運動，而且如果要大量蒐集孩子的比賽、得出有意義的數據，工程浩大，因此我們改研究職業籃球賽。

我們分析NBA超過十五年的比賽，總數接近兩萬場，有大衛・羅賓森（David Robinson）在馬刺隊（Spurs）的比賽，也有保羅・皮爾（Paul Pierce）、雷・艾倫（Ray Allen）、凱文・賈奈特（Kevin Garnett）的塞爾提克隊（Celtics）比賽。我們記錄中場休息時的比數，以及哪一隊最終贏得比賽。

就跟眾所皆知的主場優勢一樣，主場隊的確比當客隊容易贏，此外優秀隊伍（球季勝率較高）也比較可能贏。一如預期，中場休息時領先越多，終場就越可能贏，每多領先二分（例如：「領先二分」VS.「平手」、「領先四分」VS.「領先二分」），贏的機率就多七%左右。

聽起來很合理，前面贏後面就更可能贏。

只有一種時候例外：兩隊不分上下，豬羊變色之際。

以輸一分的隊伍為例，勝率理論上應該比領先一分少七%左右。控制每一隊的優秀程度、主場或客場，以及其他種種變因後，一百場比賽中，中場休息時輸一分的隊伍，應該比領先一分的隊伍少贏七場比賽。

但實際結果不是如此。

落後一分的隊伍，贏的機率反而高；落後不僅增加贏球機率（大約多八%），且相較於對手還能贏得更多場比賽。就算它們通常是較為差勁的隊伍，而且必須多得分才能反敗為勝也一樣。[7]

如果要押寶，賭中場休息時輸一分的隊伍贏，是比較安全的賭注。*

---

為什麼落後反而會贏？我們為了找出答案，請受試者玩一個簡單遊戲。

想像一下，你坐在電腦鍵盤前，在鍵盤左側，字母Q的正下方是A；在鍵盤底部，字母V和N中間夾著B。請一隻手指頭放在A鍵上，一隻手指頭放在B鍵上，接著想像自己用最快的速度，連續打出A、B、A、B、A、B，一直打，一直打。

每打對一次AB，就可以得一分，打得越多分數越高；這不是全世界最好玩的遊戲，但還蠻簡單的。

好了，現在想像你跟別人比賽這個遊戲，上下半場比賽時間各三十秒，中間有短暫休息（中場休息），比賽結束時，最高分的人可以領到小額獎金。

中場休息時，我們告訴不同組別的參賽者不同的事。有的參賽者，我們什麼也沒說；有的參賽者，則告知競賽回饋，就跟Opower公司的能源報告一樣，他們得知相較於其他人自己表現如何。

我們為了研究落後效應，操縱競賽回饋，告訴參賽者目前對手領先一分，也就是他們還輸一分，接著計算他們在下半場的努力程度——他們按鍵盤的次數增加或減少。

結果出爐，以為自己落後會激發鬥志更加努力，相較於沒得到回饋的參賽者，以為自己落後的受試者，多努力三倍以上。**

由於競賽會決定參考點，或是人們用來判斷自身表現的基準，所以會帶來鬥志。不管是跑五公里、參加考試或是在辦公室打推銷電話，我們通常會替自己設定目標，例如想在二十分鐘內跑完，分數想拿A，或是這個月想拉到十位新客戶。

我們實際的表現相較於目標的情形，影響著我們接下來努力的程度，舉例來說：

奇普與喬治都喜愛健身，兩個人通常遵守一天做二十五個仰臥起坐的健身計劃。有一天，奇普幫自己設定做三十七個仰臥起坐的目標，喬治則定三十三個，在做完三十五下之後，兩個人都累了，只能再多做一下，最多兩下。

各位覺得誰會比較努力多做最後兩下？奇普還是喬治？

*大學籃球也一樣。四萬五千多場比賽的研究顯示，大學體育協會（NCAA）的比賽中，中場休息時還落後的隊伍，會大幅增加贏球機率；此外落後不多的隊伍贏的機會更大。自從NCAA比賽增加到六十四隊之後，第九種子五四％的時候會打敗第八種子，雖然差距不是很大，但由於理論上第八種子應該打得比較好，這種結果頗令人意外。

**此一實驗還排除籃球數據無法控制的因素。籃球賽中裁判可能因同情落後隊伍，想讓他們喘一口氣，較少吹犯規，這也給了他們更多贏的機會；也或者隊伍落後而非領先時，教練更能激勵球員。我們所做的其他研究，的確必須考量相關可能性，但無法從數據中排除相關情形，此一實驗則有辦法操控。就算沒有教練或裁判在，人們以為自己稍微落後對手時會更努力。

人們一般認為奇普會比喬治更努力做完最後兩下，因為他尚未達成目標[18]，只做了三十五下，目標則是三十七下，就快了，再多努力一小點就可以了；喬治則大概覺得差不多了，因為已經達成目標，而尚未完成目標的奇普感到不滿意，會逼著自己再多努力一點，落後帶來的動力勝過領先。[19]

然而不是只有尚未達成整體目標會帶來鬥志，過程之中的進度也有影響。如果目標是這個月要拉到十名新客戶，但月中只拉到四個，相較於已經拉到八個，我們會對自己更加不滿，落後於理想進度也讓人更努力。

競爭以類似方式影響著動機，我們除了靠預先設定好的目標（三十三下仰臥起坐或十名新客戶）判定自己是否成功，也常把別人當成比較的標準。籃球賽要贏，不只要看自己的隊伍得多少分，重點是分數得比對手高。一個月用了一千零七十四千瓦小時的能源算多嗎？很難講，但要是鄰居比較省，你可能想跟進。

有時贏別人可能有明顯且誘人的獎勵，銷售成績最好的人；可以領到獎金。桿數最低的人，可以贏得高爾夫錦標賽。

不過有時獎勵只有成就感而已，贏比輸更令人心情舒爽，例如用電比鄰居少，開心程度高過用電比鄰居多。

落後因此能激勵我們更努力，中場休息時還輸一分的隊伍，走出休息室時會奮發向上，發狠打球，在下半場一開賽，幾分鐘內就把分數追回來。如同在實驗中按鍵盤AB鍵的受試者，落後讓人更努力，也因此落後的隊伍更可能贏。

不過落後永遠都帶來鬥志嗎？

## 當落後帶來……更落後

理查．「潘丘」．岡薩雷斯（Richard "Pancho" Gonzales）是史上最優秀的網球員，一九二八年生於加州洛杉磯，他是網球界少見的墨西哥裔美國明星。十二歲時，母親給了他一支價值五十一美分的球拍，他就此成為網球傳奇。他主要靠在家裡附近的公共球場看人打球自學，十九歲時，身高達一百九十公分，面對對手時有發球優勢。

岡薩雷斯曾經一連八年都是世界紀錄保持人，一生贏過十七座單打大賽冠軍，包括兩次大滿貫。《運動畫刊》編輯群選出二十世紀自己最喜歡的運動員時，岡薩雷斯排名第十五，編輯群說，如果地球的命運由一場網球賽決定，人類會推舉岡薩雷斯發球。

不過，岡薩雷斯一生最不尋常的比賽，發生在一九六九年的溫布頓錦標賽，當時對手是查理・帕薩雷爾（Charlie Pasarell）。岡薩雷斯那年四十一歲，已經當上祖父，而帕薩雷爾不但年輕許多（二十五歲），還是他的學生，平日靠模仿他的動作學習技巧。

比賽開始，兩位選手輪流發球，如果是岡薩雷斯發球，岡薩雷斯贏；如果是帕薩雷爾發球，帕薩雷爾贏。兩人就這樣你來我往，五局、十局、十五局……好幾次，岡薩雷斯救下盤末點，避免落敗，兩人繼續打，二十局、三十局、四十局，最後帕薩雷爾終於在第四十六局，靠著一記打中底線後緣的高吊球，突破岡薩雷斯的發球，拿下第一盤——二十四局比二十二局。

第二盤開始時，大約是晚上七點多，那天倫敦雲霧濃厚，光線越來越昏暗，岡薩雷斯抱怨能見度變差，但錦標賽裁判不理他。不曉得是出於憤怒，還是因為看不清楚，岡薩雷斯又輸一盤，這次快上許多，一—六第二盤就結束，比賽暫停。

隔天早上天氣轉好，兩名球員再度展開難分難解的廝殺。岡薩雷斯幾度快輸，但挺了過去，局數一直增加，六—六、八—八、一〇—一〇，帕薩雷爾很快就感受到壓力，看來要打敗前指導者不容易。過了二十九局後，帕薩雷爾兩度雙誤，一四—一六輸了第三盤。

比賽的流向因此轉變，帕薩雷爾再度雙誤，三—六輸了第四盤，這下子兩人平手，兩盤對兩盤。岡薩雷斯看起來累了，身體靠在球拍上，在每球之間拖延時間，不過他不放棄。帕薩雷爾好幾度即將擊敗他，但就是辦不到，眼看著四—五的局勢出現〇—四〇，但帕薩雷爾先前無往不利的高吊球開始敗退，岡薩雷斯反擊，七次平分後，又追成五—五平手。

帕薩雷爾贏得下一局，但岡薩雷斯再度從〇—四〇追成平手，六—六，兩人再度難分難解，怎麼比也比不完。局數一直增加，最後的最後，岡薩雷斯拿下十一分，一一—九搶下一盤，贏得整場比賽。

這場比賽歷時超過五小時，連比一百一十多局，是溫布頓史上最長的單打賽。

———

由於這場史詩級的競賽及其他原因，溫布頓在一九七一年引進搶七決勝制度，不再一局又一局打到天荒地老，直到有人領先兩局為止，如果打到六比六局平手，就由搶七賽決勝負。*選手輪流發球，誰先拿下七分就贏（但還是得勝對手兩分），雖然搶七依舊可能打上好一陣子，但可以降低演變成岡薩雷斯和帕薩雷爾那場纏鬥賽的機率。

如同我們的籃球研究，經濟學家也想知道，網球賽落後是否會影響表現。[20]球員要是搶七輸了，是否影響接下來的比賽表現？

經濟學家分析數千場比賽後，發現答案是絕對有影響，然而卻跟籃球賽的現象相反，落後不會讓網球選手打得更好，反而是打得更糟。第一盤搶七失利的球員，平均而言會再度落敗，第二盤也會輸。

怎麼會這樣？

一樣是落後卻有不同影響，我們會猜想大概是因為兩種運動不一樣，因為籃球是團隊運動，網球是個人運動，一場籃球賽不到一小時，網球賽則常是兩三倍的時間，此外還有其他各種不同之處。

但其實這樣的不同，與籃球和網球之間的差異比較沒關係，重點其實是比分的差距，或是落後的程度有多嚴重。

快完成目標時人們會更有鬥志。以咖啡店、貝果店或是培養顧客忠誠度的集點卡為例，經常消費的顧客可以拿到贈品，買九杯咖啡，第十杯免費；貝果買五送一，這一類的贈品可以鼓勵顧客回流，而集點卡多有效，要看集到哪了。相較於剛拿到集點卡的人，快集滿的人會更快再度光臨[21]，想到就要成功了，讓我們產生要快點集滿的動力。

動物也出現相同的行為模式。[22]相較於剛開始走迷宮的老鼠，快接近獎勵的老鼠（例如：起司）跑得比較快，離得越近，越有動力。

放到競賽來說，落後讓人想追上，但也要看落後多少。相較於落後很多，要是只差一點點通常會令人想追趕，因為即將達成獲勝目標。

以中場休息時落後一分的球隊為例，他們就快趕上了，就跟已經跑到轉角看見起司的老鼠一樣。只要好好防守，然後再多得一分，就能追平；只要再多努力一點，就能反敗為勝，以籃球播報員常講的一句話來說就是「近到似乎可以嚐到勝利的滋味」。

相較之下，如果落後很多，例如還輸八分的話，比賽還在比，但要贏的話要花很多力氣，得多擋下幾球，多投進幾球，可能還得打出一波攻勢，勝利遠在天邊，或許聞得到勝利的美妙氣味，但要吃到還早。

若離成功還很遠的話，就很難多擠出一些鬥志。輸八分的隊伍還是可能贏，但勝利太遙遠，感覺辦不到，如果花力氣也不一定有用，我們通常會懶得花力氣。

社會比較也一樣，可能增加鬥志，也可能減少鬥志。

想像一下，如果不是差八分，而是差二十或二十五分，落後那麼多感覺不太可能贏，必須有太多事超級順利才有辦法趕上，大概是不可能的任務，所以你放棄。動力在開始看

*除了決勝盤。

似無望的情境會減弱，令人不想競爭。

輸掉搶七的網球選手就是這樣，雖然還是可能贏得比賽，但困難度大增。如果是三盤兩勝制，贏兩盤就贏了，因此輸了第一場搶七的選手，從眼看即將獲勝，變成已經輸一半。不只是落後一點，而是落後很多。*

瞬間被翻盤的情況特別容易喪失動力，落後的滋味的確不好受，但要是眼看就要大勝卻輸了，感覺更差。就好像原本你以為自己是升官第一人選，卻發現其實是墊底，雖說墊底永遠不是什麼好滋味，但從眼看就要成功變墊底，更是容易讓人一蹶不振。**

---

落後太多的話，有的人會乾脆放棄[23]，連試都不想試。

不過值得注意的是，落後太多不是人們放棄的唯一理由，放不放棄還是要看原先預期的實力差距。

網球賽中，通常會有一方被視為較可能獲勝，依據近期其他比賽的表現，他們的排名比較前面。選舉也一樣，相較於沒人聽過的新人，多數民眾會覺得現任者比較可能打贏選戰（只要任期中表現還不錯）。

然而雖然理論上被看好的人應該表現比較好，這種期待卻也會帶來包袱。大家都看好你會贏的話，輸（違反預期）是更悲慘的事。處於下風的人要是真的輸了，沒那麼丟臉，大家本來就認為會輸，就算輸了，他人的觀感不會改變；但如果是被看好的人輸了，印象比較會轉為負面——該贏卻沒贏，看來是以前評價過高。

競爭者因此可能想辦法「自我設限」（self-handicap），替表現不佳找藉口。舉例來說，擔心自己會搞砸重要上台機會的人，反而會做出害自己表現不好的事，像

*值得一提的是，Opower研究並未出現落後太多會喪失動力的效應（Allcott, 2011）。得知鄰居的能源用量比自己少很多的人，似乎不會就此放棄，或覺得既然差那麼多那就管他的。數據甚至顯示，使用最多能源的人，也節約最多能源。先前比別人多用很多能源的人，在計劃出爐後進步最大，不過不清楚背後原因是心理因素，還是比例問題。就像超重九公斤的話，減〇・九公斤很簡單。但如果原本只超重一・三六公斤，減〇・九公斤比較困難。原本就揮霍能源的家戶，有更多地方得以節約，不必特別採取很多辦法就能減少用量，自然容易成功。

**領先也可能減少鬥志，不過原因不同。比賽時領先太多的人，勝利幾乎是囊中之物，得發生非常不尋常的事才可能輸，也因此會鬆懈，不再努力奮發，志得意滿。道理如同伊索寓言著名的龜兔賽跑，兔子一口氣超前烏龜的太多，感覺輕鬆就能獲勝，但由於太有自信會贏，睡了一場午覺，醒來時烏龜已經贏了。值得注意的是，領先一定程度才會造成自滿，光是微幅領先，不太容易變成驕兵。

是前一天晚上熬夜，這樣一來，要是真的表現不好，就能輕鬆歸咎給外在因素。簡報不順利的話，就有藉口，認為失敗不是因為本身能力不佳，而是另有解釋：要不是因為熬夜，我原本可以表現得很好。

放棄也有類似的效果，與其堅持到底最後還是會輸，放棄可以讓參賽者保住幻想，認為要是撐到最後自己會贏，自己其實比對手強，雖然沒比賽到底。

研究人員發現，被看好的選手更可能因為這個原因棄賽。[24]相較於不被看好的人，大家認為會贏的網球選手，更可能比到一半棄賽；排名前面的選手更可能扔毛巾走出場外，尤其要是輸了第一盤。

理論上會贏的選手，卻看起來要輸了，棄賽可以保住面子。

---

個人或組織經常中途退出比賽。籃球員急停跳投失敗後，剩下時間坐冷板凳；政治人物因為想多陪陪家人，退出選舉；公司為了專注於其他策略優先事項，退出合約競賽。

有時退出的確有必要，像是球員腿受傷、政治人物愛護家人，或是合約不符合公司發展方向。

然而有時退出是避免失敗、保護自己的聰明辦法，我們會因此依舊覺得要是自己去試就會成功。如果比下去，不屈不撓，最終就會勝利。

## 運用社會影響

本章的概念該如何運用？不論是激勵銷售團隊再接再厲，或是鼓勵學生認真念書，社會比較可以提供強大動力。得知自己相較於同儕的表現，可以讓人更努力、更可能達成目標；不過要是運用不當，社會比較反而令人氣餒，乾脆放棄不做。

可惜的是，許多公司和班級都採取「贏家通吃」模式，本季業績最好的人可以升官。第一名的學生可以當畢業班代表，在畢業典禮上致辭。

這種策略的確可以激勵有機會得第一的人，但覺得自己不可能辦到的人，反而會失去動力。業績只有別人一半的人會覺得，拿第一名是異想天開，就算了吧。成績是C或D的學生也有類似感受，既然拿A似乎不可能，幹嘛繼續努力？

鼓勵再接再厲的方法之一是減少比較人數，依據表現把一大群人分成小組，例如高爾夫錦標賽把實力差不多的參賽者放在一起，鼓勵選手和表現類似的人比，避免感到輸人太多，維持努力的動力。

同樣的道理，有的組織不把所有人放在一起比，只讓個人得知自己和領先自己一名的差距。Opower不拿表現最好的鄰居出來比，而是告知情況類似的鄰居的表現；如同只落後一分的籃球隊，讓每個人覺得自己稍微落後，可以增進努力程度與表現。

社會比較也可用於其他領域或企業身上，例如安維斯租車公司（Avis）過去說自己是老二，不是龍頭，因此比同業更努力。哈佛教授陶德・羅傑斯（Todd Rogers）與柏克萊加大（UC Berkeley）教授唐・摩爾（Don Moore）也在政治領域測試這個概念。他們寄電子郵件給一百多萬名佛羅里達民主黨人士，告知州長候選人在民調中微幅領先或落後，強調候選人落後的信，募到的款項多六成。[25]認為自己支持的候選人些微落後的人士，被激勵拿出行動。

相關概念甚至也能用來挑選員工，如果挑符合條件但有點算是破格錄取的人選，被錄取後通常會更努力。以二〇〇八年的美國總統選戰為例，歐巴馬陣營挑選各州競選主任時，通常喜歡挑以前當過副主任，而不是當過多次主任的人選，除了比較便宜，還能趁機集合一群想證明自己的人。他們覺得自己的能力還差一點點，有動力做事，比較不會驕傲自滿。[26]

不管是雇人、募款，甚至是節約能源，人類都不是理性的機器人。自己和他人的差距會影響動力。

---

此外社會助長也能讓人拿出個人最佳實力，不論是訓練跑半馬，或只是想瘦個一公斤，都可以靠同伴增加成功機率。

首先最基本的是，同伴讓人無法輕易退出。大部分的人都想要一星期至少運動幾次，但很容易因為工作忙，或是生活中有其他事要做，最後沒去運動。然而如果有人等你一起健身，你就比較難翹掉運動，如果約好晚上六點半要跟朋友在健身房碰面，我們露面的機率就會上升。

此外同伴也會刺激人們更努力。只有自己一個人的時候容易懶散，我們通常會想多做幾下運動，但要是頭兩下就比預期中累，我們很容易說服自己做兩下就夠了。

旁邊有人的時候，我們就比較難放棄。如同在體育場奔跑的蟑螂，一般人通常身邊有人時會更努力。如果好勝心強，跟朋友一起健身，更是能加倍拿出表現，跑得更快，拿出吃奶的力氣。就算不喜歡跟別人比，光是旁邊有人，就更能堅持下去。

如果很難找到朋友一起健身，就在旁邊有人時跑步，或上健身房，挑旁邊有人的跑步機，別挑旁邊沒人的跑步機，因為光是有別人在，就會讓我們拿出一一〇%的力氣。*

＊使用這招時要注意兩件事。第一，要避免和比自己厲害太多的人直接比較。職業跑步選手可以提供我們很好的建議，但如果老是跟著他們一起練跑，有可能自慚形穢，乾脆放棄。要選的話，最好選比我們好一點點，或差一點點的人，如果對方比我們稍稍優秀，我們更有動力努力；如果對方比較差，我們至少能自我感覺良好。

第二，如果是剛起步，找人時要注意人選。如果以前沒投過籃球，同伴可以提供指點，但也可能讓自己更緊張，跟熟人學可以減少相關負面效應。

CONCLUSION

# 結語｜讓社會影響是好事

美國向來被視為充滿機會的天堂，然而事實上移民的遭遇通常沒有理想中美好。一九〇〇年代早期，抵達紐約市的新移民，通常塞在十二人一間的破房間；街童擠在火爐前以求分得一點溫暖，在小巷裡替人擦鞋，或是當起乞丐。貧民窟一片貧窮與荒蕪，破爛木頭違章建築擠在一起，迷茫中帶著一絲希望，看上去就像今日的發展中世界。

美國在一九三〇年代開發公共住宅，試圖改變情況。小羅斯福總統的新政依據〈國家工業復興法〉（National Industrial Recovery Act），要求公共工程管理局掃除貧民窟，興建低收入戶住宅，第一批國宅一九三六年在亞特蘭大登場，到了一九三〇年代尾聲，全美多了五十幾個國宅建案。

政府聘請著名建築師設計促進互動的社區，建物中間有空間讓孩子玩耍，另外還提供社區圖書館與幼稚園；有的房子甚至有自己的浴缸和電爐，在當時是奢侈設備。

相關開發案的目的是消滅貧民窟，然而許多國宅本身很快也淪為貧民窟，沒多久就失修，發霉，遭到人為蓄意破壞，蟑螂橫行。劣質建築物再加上管理不當，導致住戶普遍不滿，空屋率極高。

國宅原本依照高標準打造，吸引大批民眾申請，最後卻成為走投無路的人落腳的地方。國宅成為貧窮、犯罪、種族隔離的集中地，政治人物拒絕在中產階級與勞工階級地段興建國宅，只在城市原本就貧窮的地區興建。白人從舊城區逃到郊區，收入問題進一步造成人口隔離，很快地，國宅裡只剩下無處可去的人。

政府試圖在一九六〇年代尾聲與一九七〇年代初，採取不一樣的做法。「實驗住宅津貼方案」（Experimental Housing Allowance Program）不再只是專注於供給面，只在乎又蓋了多少間低收入戶住宅，而開始照顧到居住者的需求。除了提供適用特定建案開發的「計畫型」協助，房客型的補助提供個別家戶租金抵用券，補貼公平市場租金超過家庭收入二五%的部分，任何收抵用券的地方都能用，得到補助的民眾不再只能居住於特定建案，可以自由搬到喜歡的地方。

抵用券的設計是為了鼓勵人們搬到更好的區域，讓低收入戶有選擇，不再被迫住國宅，可以搬到犯罪率較低和較不貧窮的地區。

然而可惜的是，許多人並未因此搬離。光是給人民更多選擇的餘地還不夠，領到租屋津貼的家庭，還面臨其他各式各樣的阻礙。居住在貧民窟社區的人們，不認識其他可以搬遷的地區，此外還面臨著歧視、市場狀況以及缺乏交通工具等問題，而無法離開。就算表面上可以自由遷徙，事實上依舊哪兒也去不了。

---

一九九二年時，美國政府推出名為「希望移居」（Moving to Opportunity）的新計劃，該計劃考量先前遇上的挑戰，除了提供租屋補助券，也提供密集的居住地點尋覓與咨詢服務，除了讓民眾有錢搬家，還幫助他們行動，讓一切發生。

最初該計劃的施行範圍只限美國大型都會區的大城市，二十一個可能的地點經過激烈競爭後，最後篩選成五個：巴爾的摩、波士頓、芝加哥、紐約、洛杉磯。

五個城市各自的國宅局透過傳單、租屋協會與各式管道招募參加者，限制家有孩子的低收入戶才能參加，且必須是國宅或貧窮地區「第八條款計劃型房屋」（Section 8 project-based housing）的住戶，當地貧窮率必須超過四成。四分之三的申請人領有社會補助，不到一半有高中學歷。

民眾踴躍參加，因此最後靠抽籤決定人選。此外這個計劃叫「希望移居」，所以除了鼓勵申請人搬家，還希望他們搬到貧窮率較低的社區。申請人獲得找到私人住宅的輔導與協助，不過新住處低於貧窮線的人口必須少於一〇%。低收入戶家庭不能只是單純從一個國宅，換到另一個國宅，「希望移居」鼓勵他們搬出美國最貧困的都市區，住進完全不一樣的環境。

整個計劃中這一點尤其重要。數十年來，科學家與政策制定者大力討論「鄰里效應」（neighborhood effects）的影響，高度貧窮區的居民，各面向的表現都較差。[1]在貧窮地區長大的孩子，IQ、語言能力與閱讀分數通常較低，青少年更可能輟學，出現侵略行為與犯罪；此外憂鬱、無業、酒精濫用、心理問題的比例也較高。不管從經濟、健康或教育程度等層面來看，來自貧窮地區的人們表現較不佳。

然而造成差異的原因不明。在貧窮街區長大的人們，的確面臨較多挑戰，地方上原本犯罪率就高，學校經費不足，政府提供低品質的服務，種族隔離情形嚴重。高薪工作少，且要克服更多障礙才可能得到這種工作。

然而收入、種族與教育程度等家庭屬性本身就有差異，住在貧窮街區與富裕街區的人們又不太一樣。

由於每家情況不同，很難判定究竟是什麼因素導致了差異，源頭究竟是個人與家庭狀況，還是鄰里效應本身？來自貧民窟的孩子通常在校表現較差，是因為學校不好，還是因為父母教育程度低？住在高度貧窮區的孩子，一般較常出現行為與心理健康問題，是他們本身的問題，還是住的地方造成影響？

這是典型的「先天」vs.「後天」問題，人生最後會如何，有多少是基因造成的，有多少又是環境造成的？有多少牽涉個人本質，又有多少牽涉環境？[2]

相關問題的答案具備重要政策意涵。政府是否應該撥款提供更多輔導課程？該讓貧窮家庭搬到高收入區嗎？要重視個人健康，還是該改善社區？

「希望移居」提供了研究相關問題的大好機會。以隨機的方式分配，部分家庭有機會搬到更好的地區，其他家庭留在原地，科學家可以趁此機會檢視住在什麼樣的地方如何影響表現差異，研究後天而非先天影響。

——

幾年後，科學家分析數據，發現驚人效應。搬到貧窮程度較低的區域，同時大幅改善孩童與成人的健康與幸福程度。[3] 孩子成為犯罪受害者的機率減少三五%，而且比較不可能受傷與氣喘發作；女孩比較不可能使用大麻，也比較不可能因為偷竊等財產罪被捕；成人比較不可能肥胖，也比較不會遭遇心理困擾或臨床憂鬱症。搬家可以大幅減少得糖尿病的可能性與增加治療。

不過最驚人的效果與經濟層面有關。[4]孩子如果十三歲前，家裡就搬到貧窮程度較低的地區，比較可能上大學，更可能找到高薪工作，長大後搬到更好的地區，而且較不會成為單親父母。

相關效應影響很大，追蹤研究顯示，相較於沒搬家的孩童，搬家孩童到了二十五歲左右，年薪比同儕高三三%。*

年紀更小時家裡就搬家的孩子影響更大。八歲就搬家的孩子，一生工作期間預計可賺超過三十萬美元[5]，勝過租金補助券的邊際成本。

搬到較好街區可以改善人們的生活，而且在好地區生活越久，生活改善程度越高。

我們居住的地點深深影響後來的人生。

---

鄰里效應可以分許多層面來探討，環境之所以能促進健康與幸福原因很多，有的地區

雜貨店農產品多，師生比低，或孩子可以奔跑玩耍的社區中心多，種種因素都能帶來更快樂、更健康、更有活力的居民。

不過另一個關鍵因素是他人。我們身邊的同伴平日的休閒是運動還是看電視？他們參加辯論隊還是吸毒？

不論你是成長於貧窮街區的孩子，或是住在富裕地帶的高級主管，我們每天都被其他人圍繞，隔壁的小孩，辦公室的同事，游泳時隔壁水道的人。

環境決定命運嗎？一切絕不是註定好的，生在窮人家不是無期徒刑，含著金湯匙出生也不一定諸事順遂。

然而身邊的人永遠影響著我們。

有時社會影響會帶來模仿，如同選擇粉紅色或藍色玉米的猴子，我們會看別人怎麼

---

*相關研究探討在不同地區成長，長大後預期收入增加或減少的程度。舉例來說，小時候每多在紐澤西博根（Bergen）住一年，成人時家庭收入大約增加〇・七〇%；然而每多在紐約曼哈頓住一年，日後的家庭收入則減少超過〇・五〇%。數字本身聽起來不大，但累積二十年之後，就會造成很大的影響。相較於全國平均，在博根長大收入會高近一五%，在紐約市長大則低近一〇%。進一步的資料請見：http://www.equality-of-opportunity.org/。

做，依樣畫葫蘆，簡化大腦必須做的決策，選出勝過自身判斷力的選項（選到更理想的東西，或是更美味的食物）。我們模仿同伴的選擇與行為，而這樣的行為決定了我們如何看待流行商品與流行看法。

儘管如此，別人做，我們可能想跟著做，但也可能因此不想做。同桌吃飯時，我們不點朋友點的飲料；喜歡的歌手太紅，我們就不喜歡了。如同弟弟妹妹想走跟哥哥姊姊不同的路，我們努力打造獨一無二的自己，就算不一定永遠選擇跟別人不同的東西，我們總是努力同中求異。

此外我們究竟會求同還是求異，要看其他人是誰。我們所做的選擇——穿的衣服、在學校的用功程度、追求的事業道路——要看其他有誰在做一樣的事，我們跟體型不如人的小青銅蛙一樣，選擇發送理想身分訊號的事物，避開送出負面訊號的選擇與行為。

不過一切不是簡單的非黑即白，我們不希望像複製人，但也不想完全標新立異，想辦法讓自己的選擇與行為適度獨特，同中求異，異中求同。就跟三隻熊童話故事裡的金髮姑娘一樣，我們避開極端，喜歡適度相同的中庸事物，有刺激新鮮感、又有溫馨熟悉感。

最後，身邊的人不僅影響著我們的選擇，還會引發鬥志，讓我們加快騎自行車的速度，節約更多能源，反敗為勝。不過要是落後太多，跟別人比反而讓我們乾脆放棄，因為感覺差距實在太大。

然而雖然其他人幾乎影響著我們一切所作所為，我們通常渾然不覺。我們很容易舉出別人受影響的例子，卻很難發現自己沒什麼兩樣。

——

本書的開頭提到大學生評估他人多有魅力的實驗，心理學家莫蘭德發現，比較常上課的學生，會讓別人覺得她們比較好看，因為日久會生情。

多年前，如同本書前言描述的虛構情侶場景，莫蘭德自己念大學時，曾在科羅拉多波德（Boulder）的喬伊斯雜貨店（Joyce's）打工，同事是一個年輕女孩。莫蘭德見過女孩幾次後，覺得對方很可愛，兩個人聊天，接著約會，最終女同事成為妻子。

莫蘭德打工的店促成多對佳侶，幾乎所有員工最後都變成夫妻。人們念書與工作時，沒有太多時間認識別人，因此常愛上朝夕相處的人。

莫蘭德是否因為較常看見那位女同事，因此更喜歡她，最終還娶了她？

跟所有人一樣，莫蘭德被問到這個問題時會回答：「才不是那樣」。我們自認當初會被另一半吸引，原因往往是對方魅力十足，或是笑起來很好看，而不是恰巧兩個人班表一樣。

如同我們購買的產品或挑選的職業道路，我們總是認為自己的配偶與朋友，是自己精心挑選過後的人選，我們選擇他們的原因，跟個人偏好有關，和我們剛好看過他們多少次無關，也與他們讓人想到誰無關。

然而如果從外人的角度看別人的行為，就很難不出現這樣的聯想。因為骨子裡我們全是社會的動物，不管我們自己是否察覺，別人都以看不見又出乎意料的方式，影響著我們所做的每一件事。社會影響悄悄塑造我們的人生，我們看不見，不代表社會影響不存在。

我們很容易帶著憤世嫉俗的眼光看社會影響，哀嘆人們盲目跟隨、有如旅鼠受身邊人影響。從眾有時的確不是好事，有時在該發出不同聲音、挺身而出時，模仿的天性的確造成我們隨波逐流。

不過社會影響本身沒有是非對錯，人們如果追隨惡人，就會在世上帶來惡。如果追隨好人則帶來更多善。

此外我們也可以選擇自己帶來的影響。社會影響深深影響著行為，然而了解原理後就能駕馭相關力量，避開壞處，只取優點。我們可以保持自己的獨立性避免同流合汙，擁有更美好的社會互動或更加成功，並依賴他人做出更好的決定。知道社會影響何時會帶來好處，就能決定何時要抗拒影響，何時又該擁抱。

了解社會影響的原理，就能運用社會影響改善自己與他人的人生，影響力是一種工具，就跟所有工具一樣，只要我們了解工具，就不必眼睜睜看著事情發生，可以拿起工具加以運用。我們可以設計環境、塑造情境、提出Opower與「希望移居」這樣的計劃，運用社會影響的力量，讓世界更美好。

你的人生中，影響力在哪裡發威？你身旁的人如何影響你，你又是如何影響他人？掌握這些通常看不見的影響，可以讓我們全都過著更美好的人生。

想增加影響力？想做更好的決定？

想激勵自己與他人？

想了解更多技巧與工具的話，請造訪 *JonahBerger.com*

ACKNOL.

# 謝辭

寫第二本書的謝辭，可說比第一本還難。寫第一本的謝辭時，如果不確定今生今世還有沒有機會再出書，你會把一生中幫過自己的人都謝一遍；然而要是還能寫第二本，就有點尷尬了。是否該從頭到尾再謝一遍？還是上次謝過就夠了？不管如何，我要再次感謝我在《瘋潮行銷》（*Contagious: Why Things Catch On*）提到的人士，沒有你們，就沒有這次這本書。

此外也要感謝上一本書沒提到的人，謝謝譚雅・查特藍（Tanya Chartrand）、史班娜・雪雅（Sapna Cheryan）、莎拉・唐賽（Sarah Townsend）不斷提供研究點子；謝謝瑞貝卡・布魯諾（Rebecca Bruno）分享新生兒名字的心得；也感謝理查・莫蘭德、妮可・史蒂芬斯，以及其他名字並未出現在本書定稿的人士，他們人太好，答應接受訪談。感謝班・羅南（Ben Loehnen）、理查・羅爾（Richard Rhorer）、莫瑞・科爾

（Maureen Cole），以及西蒙與舒斯特（Simon & Schuster）團隊的其他人士，你們讓寫這本書跟上一本一樣好玩。愛麗絲・拉普蘭德（Alice La Plante）讓文字更精煉，火眼金睛的馬拉・安娜・維多利諾（Mara Ana Vitorino）挺著懷孕的肚子編輯。感謝美國青年足球組織東帕羅奧圖區所有球員與工作人員，謝謝你們讓我當教練。感謝杜克大學行銷系借我辦公室，這本書大部分的內容在那裡寫成。也感謝威爾森（Wilson）的大夥讓我加入鬥牛，紓解寫書壓力，我球打得很糟的事，希望本書提供了合理藉口。

我還要大力感謝合作者以及書中提到的所有研究人員，沒有你們，當社會科學家就不好玩了。我的社會心理學旅程，始於高中時艾略特・亞波斯坦（Eliot Applestein）老師的心理學大學先修課程。在那門課我的期末報告主題是團體迷思，讓我開始思考社會影響如何形塑行為。我要謝謝亞波斯坦老師，也感謝一路上的老師與教授——李・羅斯（Lee Ross）、馬克・列波（Mark Lepper）、荷佐・馬可仕（Hazel Markus）、菲爾・辛巴羅（Phil Zimbardo），以及其他花時間分享不同領域有趣知識的人士，我很榮幸能加入你們的研究。

有人調查過大家最喜歡的社會心理學家是誰，但這個問題不可能有答案，除了剛才提到的名字，我的名單上絕對有席爾迪尼、勒溫（Lewin）與謝瑞夫等人，不過如果純粹以廣度來講，札榮茨絕對名列前茅。本書無數研究都源自他的發現，他對眾多領域都有貢獻，人生故事更是傳奇。

在此再度感謝吉姆・列文（Jim Levine），共事越久，我越感激你所做的一切。你永遠提供睿智建議，並提醒我圓滿的人生不只有工作。也感謝戴安娜（Diane）與傑佛瑞（Jeffrey）、南茜（Nancy）與史蒂夫（Steve）、奇瓦（Kiva）、維克多（Victor）、丹尼（Danny）、弗瑞德（Fred），以及所有花時間引導與鼓勵我的人，你們除了在我需要意見時幫忙，還永遠為我加油打氣，讓我能夠走下去。

最最重要的是，我要感謝喬登與柔伊，你們協助我、支持我、安慰我、了解我、聆聽我，替我設想，永遠關心與相信我，就算是連追著網球跑也會有趣一百倍的時候也一樣。你們同時帶來有形與無形影響，兩者我皆誠心感謝。

NOTES

# 注釋

## 前言

1. 探討「社會影響」這個主題的文獻浩瀚無涯，不過可以參考：Sorensen, Alan T.（2006）, "Social Learning and Health Plan Choice," *RAND Journal of Economics* 37, 929-45; Sacerdote, Bruce（2001）, "Peer Effects with Random Assignment: Results for Dartmouth Roommates," *Quarterly Journal of Economics* 116, 681-704; Lerner, Josh, and Ulrike Malmendier（2013）, "With a Little Help from My（Random）Friends: Success and Failure in Post-Business School Entrepreneurship," *Review of Financial Studies* 26, 2411-52; Beshears, John,

J. Choi, D. Laibson, B. C. Madrian, and K. L. Milkman (2012), "The Effect of Providing Peer Information on Retirement Savings Decisions," ***Financial Literacy Center Working Paper***, WR800-SSA; Case, Anne, and Lawrence Katz (1991), ''The Company You Keep: The Effects of Family and Neighborhood on Disadvantaged Youths," ***National Bureau of Economic Research Working Paper Number 3705***; Brown, Jeffrey, Z. Ivkovic, P. Smith, and S. Weisbenner (2008), "Neighbors Matter: Causal Community Effects and Stock Market Participation," ***Journal of Finance*** 63, 1509–31; Gerber, Alan, and Todd Rogers (2009), "Descriptive Social Norms and Motivation to Vote: Everybody' s Voting and So Should You," ***Journal of Politics*** 71, 1–14; Frey, Bruno, and Stephan Meier (2004), "Social Comparisons and Pro-Social Behavior: Testing 'Conditional Cooperation' in a Field Experiment," ***American Economic Review*** 94, 1717–22; and Card, D., A. Mas, E. Moretti, and E. Saez (2012), "Inequality at Work: The Effect of Peer Salaries on Job Satisfaction," ***American Economic Review*** 10, 2981–3003.

2. Pronin, Emily, Jonah Berger, and Sarah Molouki（2007）, "Alone in a Crowd of Sheep: Asymmetric Perceptions of Conformity and Their Roots in an Introspection Illusion," *Journal of Personality and Social Psychology* 92, 585–95.
3. 為了控制順序效應（order effect），我們隨機排列問題的順序，部分受訪者先回答自己的購車情形，接著才回答朋友的情形；部分受訪者則先評估別人，再評估自己。
4. Match.com and Chadwick Martin Bailey Behavioral Studies（2010）, "Match.com and Chadwick Martin Bailey 2009–2010 Studies: Recent Trends: Online Dating," 1–5.
5. 日久生情研究回顧，請見：Bornstein, Robert（1989）, "Exposure and Affect: Overview and Meta-Analysis of Research," *Psychological Bulletin* 106, 263–89.

## 第1章　別人都這樣，那我也一樣好了

1. Sherif, Muzafer（1935）, "A Study of Some Social Factors in Perception: Chapter 2," *Archives of Psychology* 187, 17–22.

2. 阿希的部分研究摘要，請見：Asch, Solomon（1956）, "Studies of Independence and Conformity: A Minority of One Against a Unanimous Majority," *Psychological Monographs* 70, 1-70.

3. Waal, Erica, C. Borgeaud, and A. Whiten（2013）, "Potent Social Learning and Conformity Shape a Wild Primate's Foraging Decisions," *Science* 340, 483-85. 另一項動物研究顯示，鯨魚會從其他鯨魚身上學會新的吃東西方式。請見：Allen, Jenny, M. Weinrich, W. Hoppitt, and L. Rendell（2013）, "Network-Based Diffusion Analysis Reveals Cultural Transmission of Lobtail Feeding in Humpback Whales," *Science* 26, 485-88; and Dindo, Marietta, T. Stoinski, and A. Whiten（2011）, "Observational Learning in Orangutan Cultural Transmission Chains," *Biology Letters* 7, 181-83. 其他研究顯示，不同的黑猩猩團體有不同的文化，也就是說牠們學習團體成員的做法，但不同團體有不同做法。請見：Whiten, Andrew, J. Goodall, W. McGrew, T. Nishida, V. Reynolds, Y. Sugiyama, and C. Boesch（1999）, "Cultures in Chimpanzees," *Nature* 399, 682-85. 魚會模仿其他魚類，請見：Pike, Thomas, and Kevin Laland（2010）,

“Conformist Learning in Nine-Spined Sticklebacks’ Foraging Decisions,” ***Biology Letters*** 6, 466–68.

4. Little, Anthony C., Michael Burt, and David Perrett（2006）, “Assortative Mating for Perceived Facial Personality Traits,” ***Personality and Individual Differences*** 40, 973–84; Hinsz, Verlin（1989）, “Facial Resemblance in Engaged and Married Couples,” ***Journal of Social and Personal Relationships*** 6, 223–29; Griffiths, Wayne, and Phillip Kunz（1973）, “Assortative Mating: A Study of Physiognomic Homogamy,” ***Social Biology*** 20, 448–53; Zajonc, Robert, Pamela Adelmann, Sheila Murphy, and Paula Niedenthal（1987）, “Convergence in the Physical Appearance of Spouses,” ***Motivation and Emotion*** 11, 335–46.

5. 變色龍變色的原因其實有很多，溫度、光線、心情都有影響，雖然許多原因與周遭環境的顏色無關，一般大眾依舊認為變色龍跟著環境變色。Ligon, Russell, and The Conversation（2013）, “Chameleons Talk Tough by Changing Colors,” The Conversation（December 19）, reposted at http://www.scientificamerican.com/article/chameleons-talk-tough-by-changing-colors/.

6. Chartrand, Tanya, and John Bargh（1999）, “The Chameleon Effect: The Perception-Behavior Link and Social Interaction,” ***Journal of Personality and Social Psychology*** 76, 893–910. 模仿研究的綜合回顧，請見：Van Baaren, Rick, L. Jansen, T. Chartrand, and A. Dijksterhuis（2009）, “Where Is the Love? The Social Aspects of Mimicry,” ***Philosophical Transactions of the Royal Society*** 364, 2381–89; 亦可參見：Chartrand, Tanya, and Jessica Lakin（2013）, “The Antecedents and Consequences of Human Behavioral Mimicry,” ***Annual Review of Psychology*** 64, 285–308.

7. Simner, Marvin（1971）, “Newborn’ s Response to the Cry of Another Infant,” ***Developmental Psychology*** 5, 136–50.

8. Mirror Neuron Forum（2011）, ***Perspectives on Psychological Science*** 6, 369–407.

9. 鏡像神經元的早期討論，請見：Fadiga, L., L. Fogassi, G. Pavesi, and G. Rizzolatti（1995）, “Motor Facilitation During Action Observation: A Magnetic Stimulation Study,” ***Journal of Neurophysiology*** 73, 2608–11. 較為近日的討論，

請見：Gallese, Vittorio, M. Gernsbacher, C. Hayes, G. Hickok, and M. Iacoboni（2011）, "Mirror Neuron Forum," *Perspectives on Psychological Science* 6, 369–407.

10. Maddux, W. W., E. Mullen, and A. Galinsky（2008）, "Chameleons Bake Bigger Pies and Take Bigger Pieces: Strategic Behavioral Mimicry Facilitates Negotiation Outcomes," *Journal of Experimental Social Psychology* 44, 461–68.

11. 模仿過後的結果，可以參見：Ireland, Molly, R. Slatcher, P. Eastwick, L. Scissors, E. Finkel, and J. Pennebaker（2010）, "Language Style Matching Predicts Relationship Initiation and Stability," *Psychological Science* 20, 1–6; Maddux et al., "Chameleons Bake Bigger Pies and Take Bigger Pieces"; and Van Baaren, Rick, R. Holland, B. Steenaert, and A. Knippenberg（2003）, "Mimicry for Money: Behavioral Consequences of Imitation," *Journal of Experimental Social Psychology* 39, 393–98.

12. Sorensen, Alan（2007）, "Bestseller Lists and Product Variety," *Journal of Industrial Economics* 4, 715–38.

## 第 2 章 我最獨特

1. LeBolt, Dr. Wendy（2014），“Are National Team Players Born or Made?” SoccerWire.com（December 2）.
2. Hopwood, Melissa J., J. Baker, C. MacMahon, and D. Farrow（2012），“Faster, Higher, Stronger . . . and Younger? Birth Order, Sibling Sport Participation and Sport Expertise,” paper presented at the North American Society for the Psychology of Sport and Physical Activity Conference, Honolulu, Hawaii（June 2012）, *Journal of Sport & Exercise Psychology* 34, S235.
3. 家中排行與學業成績的關聯，研究資料很多，不過可以參考：Zajonc, Robert, and Gregory Markus（1975），“Birth Order and Intellectual Development,” *Psychological Review* 82, 74–88; Zajonc, Robert（2001），“The Family Dynamics of Intellectual Development,” *American Psychologist* 56, 490–96; Zajonc, Robert（1976），“Family Configuration and Intelligence,” *Science* 16, 227–36; Hotz, Joseph, and Juan Pantano（2013），“Strategic Parenting, Birth Order, and

School Performance," ***Journal of Population Economics***, 1–26; Behrman, Jere, and Paul Taubman（1986）, "Birth Order, Schooling and Earnings," ***Journal of Labor Economics*** 4, S121–S145; Black, Sandra, P. Devereux, and K. Salvanes（2005）, "The More the Merrier? The Effect of Family Size and Birth Order on Children' s Education," ***Quarterly Journal of Economics*** 120, 669–700; and Black, Sandra, P. Devereux, and K. Salvanes（2008）, "Small Family, Smart Family? Family Size and the IQ Scores of Young Men," ***National Bureau of Economic Research Working Paper No. 13336***.

4. Paulhaus, Delroy, P. Trapnell, and D. Chen（1999）, "Birth Order Effects on Personality and Achievement Within Families," ***Psychological Science*** 10, 482–88.

5. Altus, William（1966）, "Birth Order and Its Sequelae," ***Science*** 151, 44–49; Clark, Roger, and Glenn Rice（1982）, "Family Constellations and Eminence: The Birth Orders of Nobel Prize winners," ***Journal of Psychology*** 110, 281–87; and Sulloway, Frank（1996）, ***Born to Rebel: Birth Order, Family Dynamics, and***

*Creative Lives*（New York: Vintage Books）.

6. Theroux, N. L.（1993）, "Birth Order and Its Relationship to Academic Achievement and Selected Personal Traits." unpublished doctoral dissertation, University of California, Los Angeles.

7. 同前。

8. Sulloway, Frank（2010）, "Why Siblings Are Like Darwin's Finches: Birth Order, Sibling Competition, and Adaptive Divergence Within the Family," in *The Evolution of Personality and Individual Differences*, eds. David M. Buss and Patricia H. Hawley（New York: Oxford University Press）, 86-119; Plomin, Robert, and Denise Daniels（1987）, "Why Are Children in the Same Family So Different from One Another?" *Behavioral and Brain Sciences* 10, 1-16.

9. 兄弟姊妹的性格，究竟有多少受生長在相同環境影響，目前尚在研究之中。有的研究人員只找到極少證據，有的則找到一定證據；然而不管生長在相同環境造成的影響究竟有多大，顯然就算基因一樣、在同一個家長大、父母相同，依舊可能養出兩個非常不同的孩子。而求異可能在過程之中至少扮演了部分角色，就算只是認為哥哥姊姊和自己是不同人，也提供了兄弟姊妹會求異的證據，請見：Matteson, Lindsay, M. McGue, and W. Iacono（2013），"Shared Environmental Influences on Personality: A Combined Twin and Adoption Approach," *Behavior Genetics* 43, 491–504; and Borkenau, Peter, R. Riemann, A. Angleitner, and M. Spinath（2001），"Genetic and Environmental Influences on Observed Personality: Evidence from the German Observational Study of Adult Twins," *Journal of Personality and Social Psychology* 80, 655–68.

10. Loehlin, John（1992），*Genes and Environment in Personality Development*（Newbury Park, CA: Sage）.
11. Loehlin, John, J. Horn, and L. Willerman（1981），"Personality Resemblance in Adoptive Families," *Behavior Genetics* 11, 309–30.
12. Schachter, F. F., G. Gilutz, E. Shore, and M. Adler（1978），"Sibling Deidentification Judged by Mothers: Cross-Validation and Developmental Studies," *Child Development* 49, 543–46.
13. Loehlin, John, J. Horn, and L. Willerman（1990），"Heredity, Environment, and

Personality Change: Evidence from the Texas Adoption Project," *Journal of Personality* 58, 221-43.

14. Ariely, Dan, and Jonathan Leavav（2000）, "Sequential Choice in Group Settings: Taking the Road Less Traveled and Less Enjoyed," *Journal of Consumer Research* 27, 279-90.

15. DeVito, Carlo（2008）, *Yogi: The Life & Times of an American Original*（Chicago: Triumph Books）.

16. Howe, Daniel（1988）, *The Impact of Puritanism on American Culture*（New York: Charles Scribner's Sons）.

17. De Tocqueville, Alexis（2003）, *Democracy in America*（New York: Penguin）.

18. Tian, Kelly T., William O. Bearden, and Gary L. Hunter（2001）, "Consumers' Need for Uniqueness: Scale Development and Validation," *Journal of Consumer Research* 28, 50-66; and Simonson, Itamar, and Stephen M. Nowlis（2000）, "The Role of Explanations and Need for Uniqueness in Consumer Decision Making: Unconventional Choices Based on Reasons," *Journal of Consumer*

*Research* 27, 49–68.

19. Semertzidis, Konstantinos, E. Pitoura, and P. Tsaparas（2013）, "How People Describe Themselves on Twitter," Association for Computing Machinery: Proceedings of the ACM SIGMOD Workshop on Databases and Social Networks, New York, NY（June 22, 2013）.

20. 名字不尋常的人、家中老大或獨生子女、父母雙方信仰不同的孩子、跟自己年齡最相近的兄弟姊妹是男性的女性全都有更大的求異渴望。突出或獨特的個性，可能讓人們感到自己不同，連帶又認為不同是好事。Snyder, Charles, and Shane J. Lopez（2002）, "Uniqueness Seeking," *Handbook of Positive Psychology* 18, 395–410.

21. Heejung, Kim, and Hazel Markus（1999）, "Deviance or Uniqueness, Harmony or Conformity? A Cultural Analysis," *Journal of Personality and Social Psychology* 77, 785–800.

22. Kusserow, Adrie（1999）, "De-Homogenizing American Individualism: Socializing Hard and Soft Individualism in Manhattan and Queens," *Ethos 27*, 210–34; and Wiley, Angela, A. Rose, L. Burger, P. Miller（1998）, "Constructing

Autonomous Selves Through Narrative Practices: A Comparative Study of Working-class and Middle-class Families," *Child Development* 69, 833–47.

23. 勞動階級背景如何影響行為的研究，請見：Argyle, Michael（1994），*The Psychology of Social Class*（London: Routledge）；Markus, Hazel, C. Ryff, K. Curhan, and K. Palmersheim（2004），"In Their Own Words: Well-being at Midlife Among High School–Educated and College-Educated Adults," in *How Healthy Are We? A National Study of Well-being at Midlife*, eds. Orville Gilbert Brim, Carol D. Ryff, and Ronald C. Kessler（Chicago: University of Chicago Press），273–319; Lamont, Michèle（2000），*The Dignity of Working Men: Morality and the Boundaries of Race, Class, and Immigration*（Cambridge, MA: Harvard University Press）；Kohn, Melvin, and Carmi Schooler（1986），"Work and Personality: An Inquiry into the Impact of Social Stratification," *Political Psychology* 7, 605–7; and Miller, Peggy, G. Cho, and J. Bracey（2005），"Working-class Children' s Experience Through the Prism of Personal Storytelling," *Human Development* 48, 115–35.

24. Stephens, Nicole, H. Markus, and S. Townsend（2007）, “Choice as an Act of Meaning: The Case of Social Class,” ***Journal of Personality and Social Psychology*** 93, 814–30.

## 第3章 不想跟那種人一樣

1. Baran, S. J., J. J. Mok, M. Land, and T. Y. Kang（1989）, “You Are What You Buy: Mass-Mediated Judgments of People’s Worth,” ***Journal of Communication*** 39, 46–54. 人們如何根據衣服、網站等五花八門的線索推論他人的研究，請見：Gosling, Sam（2008）, ***Snoop: What Your Stuff Says About You***（New York: Basic Books）.
2. 早期的經濟學訊號研究，請見：Spence, Michael（1973）, “Job Market Signaling,” ***The Quarterly Journal of Economics*** 87, 355–74.
3. Cohen, Geoffrey L.（2003）, “Party Over Policy: The Dominating Impact of Group Influence on Political Beliefs,” ***Journal of Personality and Social***

*Psychology* 85, 808–22.

4. Bee, Mark, S. Perrill, and P. Owen（2000）, "Male Green Frogs Lower the Pitch of Acoustic Signals in Defense of Territories: A Possible Dishonest Signal of Size?" Behavioral Ecology 11, 169–77.亦請見：Backwell, Patricia, J. Christy, S. Telford, M. Jennions, and N. Passmore（2000）, "Dishonest Signaling in a Fiddler Crab," *Proceedings of the Royal Society B: Biological Sciences* 267, 719–24.

5. 所得捐款全數轉交癌症慈善事業。

6. Taylor, John（1974）, "John Doe, Jr.: A Study of His Distribution in Space, Time, and the Social Structure," *Social Forces* 53, 11–21; McFerran, Brent, D. Dahl, G. Fitzsimons, and A. Morales（2009）, "I' ll Have What She' s Having: Effects of Social Influence and Body Type on the Food Choices of Others," *Journal of Consumer Research* 36, 1–15. Fryer, Roland, and Steven Levitt（2002）, "Understanding the Black-White Test Score Gap in the First Two Years of School," *National Bureau of Economic Research Paper No. 8975*.

7. White, Katherine, and Darren Dahl（2006）, "To Be or Not Be? The Influence of Dissociative Reference Groups on Consumer Preferences," ***Journal of Consumer Psychology*** 16, 404–14.

8. Hemphill, Cadelle, A. Vanneman, and T. Rahman（2011）, "Achievement Gaps: How Hispanic and White Students in Public Schools Perform in Mathematics and Reading on the National Assessment of Educational Progress," U.S. Department of Education, Institute of Education Sciences, National Center for Education Statistics, Washington, DC.

9. 佛德漢與奧格布的原始研究，請見：Fordham, Signithia, and John Ogbu（1986）, "Black Students' School Successes: Coping with the Burden of 'Acting White,'" ***Urban Review*** 18, 176- 206. 其他「裝白人」的相關討論，請見：Carbado, Devon, and Mitu Gulati（2013）, ***Acting White? Rethinking Race in "PostRacial" America***（New York: Oxford University Press）; and Buck, Stuart（2011）, ***Acting White: The Ironic Legacy of Desegregation***（New Haven: Yale University Press）. 部分研究人員甚至挑戰佛德漢與奧格布的結論，主張黑人與白人

學生同樣想在學校成功，而且表現優秀時，同樣展現出自負的樣子。此派的研究人員主張，所有種族的學生，只要成績好都會被污名化，被叫成怪胎或書呆子，因此事情與種族無關，成績好的問題大家都一樣，亦可參見：Cook, Philip, and Jens Ludwig（1997）, "Weighing the Burden of 'Acting White': Are There Race Differences in Attitudes Toward Education?" *Journal of Policy Analysis and Management* 16, 256–78; and Tyson, Karolyn, W. Darity, and D. Castellino（2005）, "It's Not 'a Black Thing': Understanding the Burden of Acting White and Other Dilemmas of High Achievement," *American Sociological Review* 70, 582–605.

10. Fryer, Roland, and Paul Torelli（2010）, "An Empirical Analysis of 'Acting White,'" *Journal of Public Economics* 94, 380–96. 亦請見：Bursztyn, Leonardo, and Robert Jensen（2015）, "How Does Peer Pressure Affect Educational Investments?" *Quarterly Journal of Economics* 130, 1329-67. 類似的效應亦出現在數個促進健康的行為，請見：Daphna, S. Fryberg, and N. Yoder（2007）, "Identity-Based Motivation and Health," *Journal of Personality and Social Psychology* 93, 1011–27.

11. Oyserman, Daphna, D. Brickman, D. Bybee, and A. Celious（2006）, "Fitting in Matters: Markers of In-group Belonging and Academic Outcomes," *Psychological Science* 17, 854-61.

12. 不同族群被貼上不同的輕蔑標籤。服裝或行為像刻板印象白人的亞洲人，被叫「Twinkies蛋糕」或「香蕉」，也就是外表是黃的，裡頭是白的；有「娃娃臉」或外表比實際年紀小的青少年，比較容易犯罪或涉及違法行為，如同膚色淺的黑人更努力甩開「裝白人」的標籤，娃娃臉的青少年喜歡耍狠，以免被當成小孩。同樣的道理，部分數據顯示，亞裔美國人不被當成美國人時，更可能吃脂肪含量高的傳統美國食物。Guendelman, Maya, S. Cheryan, and B. Monin（2011）, "Fitting In but Getting Fat: Identity Threat and Dietary Choices Among U.S. Immigrant Groups," *Psychological Science* 22, 959-67.

13. Executive Office of the President（2013）, "Women and Girls in Science, Technology, Engineering, and Math（STEM）," The White House, Washington, DC.

14. Cheryan, Sapna, V. Plaut, P. Davies, and C. Steele（2009）, "Ambient

Belonging: How Stereotypical Cues Impact Gender Participation in Computer Science," *Journal of Personality and Social Psychology* 97, 1045-60; Cheryan, Sapna, B. Drury, and M. Vichayapai（2012）, "Enduring Influence of Stereotypical Computer Science Role Models on Women' s Academic Aspirations," *Psychology of Women Quarterly* 37, 72-79; Cheryan, Sapna, A. Meltzoff, and S. Kim（2011）, "Classrooms Matter: The Design of Virtual Classrooms Influences Gender Disparities in Computer Science Classes," *Computers & Education* 57, 1825-35.

15. Berger, Jonah, and Morgan Ward（2010）, "Subtle Signals of Inconspicuous Consumption," *Journal of Consumer Research* 37, 555-69.

16. 當團體成員希望互通聲息，但又不希望被外人知道身分時，不易察覺的訊號特別有用。一九八〇年代，男同志需要能夠辨認彼此，但又不被主流人士察覺的方法。當時歧視很嚴重，出櫃可能丟工作，甚至因為性向而面臨肢體虐待，因此他們以外人不易察覺的訊號，暗示其他同志自己的身分。例如「Old Clone」裝扮，也就是穿緊身牛仔褲、法蘭絨上衣、工人靴，還有留鬍子——其他男同志一眼就能懂，但又夠隱秘，多數非同志同事認不出來。

17. ABC News *Nightline*（2013）, "Black Market Counterfeit Goods Rakes in $500 Billion Yearly," ***Yahoo! News***; Clifford, Stephanie（2010）, "Economic Indicator: Even Cheaper Knockoffs," ***New York Times***, July 31, 2010, A1; MarkMonitor, "Seven Best Practices for Fighting Counterfeit Sales Online," MarkMonitor.com White Paper（September 2010）.

18. Carvajal, Doreen（2008）, "EBay Ordered to Pay $61 Million in Sale of Counterfeit Goods," ***New York Times***, July 1, C1, http://www.nytimes.com/2008/07/01/technology/01ebay.html?_r=0.

19. http://money.cnn.com/magazines/fortune/fortune_archive/2005/05/16/8260140/.

20. Raustiala, Kal, and Christopher Sprigman（2006）, "The Piracy Paradox: Innovation and Intellectual Property in Fashion Design," ***Virginia Law Review*** 92, 1687-777.

21. Griffiths, Sarah（2013）, "Sorry Popeye, Spinach DOESN'T Make Your

Muscles Big: Expert Reveals Sailor's Love of Food Was Due to a Misplaced Decimal," *Daily Mail*, July 3, 1.

22. Berger, Jonah (2008), "Shifting Signals to Help Health: Using Identity Signaling to Reduce Risky Health Behaviors," *Journal of Consumer Research* 35, 509–18.

23. Cheryan, Sapna, V. Plaut, P. Davies, and C. Steele (2009), "Ambient Belonging: How Stereotypical Cues Impact Gender Participation in Computer Science," *Journal of Personality and Social Psychology* 97, 1045–60.

24. 一個有趣的例子是某位喜劇演員運用身分訊號策略，讓孩子接受新玩具。大孩子不喜歡被當成小寶寶，自豪已經度過那個人生階段，認為吸奶瓶、睡搖籃都是「嬰兒在做的事」。喜劇演員讓大孩子接受新玩具的方法是告訴他們，只有玩這個玩具，才能證明自己不是嬰兒——沒有的人會被其他人認為還在穿尿布。

25. Sean, Young, A. David Nussbaum, and Benoit Monin (2007), "Potential Moral Stigma and Reactions to Sexually Transmitted Diseases: Evidence for a Disjunction Fallacy," *Personality and Social Psychology Bulletin* 33, 789–99.

## 第 4 章 同中有異

1. Berger, Jonah, Eric Bradlow, Alex Braunstein, and Yao Zhang（2012）, “From Karen to Katie: Using Baby Names to Study Cultural Evolution,” ***Psychological Science*** 23, 1067–73.
2. Bertrand, Marianne, and Sendhil Mullainathan（2004）, “Are Emily and Greg More Employable Than Lakisha and Jamal? A Field Experiment on Labor Market Discrimination,” ***American Economic Review*** 94, 991–1013.
3. “Hurricane Katrina Statistics Fast Facts,” CNN Library, uploaded August 24, 2015.
4. Landwehr, Jan, A. Labroo, and A. Herrmann（2011）, “Gut Liking for the Ordinary: Incorporating Design Fluency Improves Automobile Sales Forecasts,” ***Marketing Science*** 30, 416–29. 此一效應在設計複雜的車款之中最強。
5. 本段文字直接取自以下研究的實驗指示：Monahan, Jennifer, S. Murphy, and R. Zajonc（2000）, “Subliminal Mere Exposure: Specific, General and Diffuse

Effects," *Psychological Science* 11, 462-66. 亦請見：Gordon, Peter, and Keith Holyoak（1983）, "Implicit Learning and Generalization of the 'Mere Exposure' Effect," *Journal of Personality and Social Psychology* 45, 492-500.

6. 長得像人們有正面印象的新鮮面孔，會給人好感，請見：Verosky, Sara, and Alexander Todorov（2010）, "Generalization of Affective Learning About Faces to Perceptually Similar Faces," *Psychological Science* 21, 779-85.

7. Bermant, Gordon（1976）, *Sexual Behavior: Hard Times with the Coolidge Effect in Psychological Research—The Inside Story, eds. M. H. Siegel and H. P. Ziegler*（New York: Harper and Row）.

8. Hirschman, Elizabeth（1980）, "Innovativeness, Novelty Seeking and Consumer Creativity," *Journal of Consumer Research* 7, 283-95; Sluckin, Wladyslaw, D. Hargreaves, and A. Colman, "Novelty and Human Aesthetic Preferences," in *Exploration in Animals and Humans*, eds. J. Archer and L. Birke（New York: Van Nostrand Reinhold）, 245-69.

9. Aron, Arthur, C. Norman, E. Aron, C. McKenna, and R. Heyman（2000）,

"Couples' Shared Participation in Novel and Arousing Activities and Experienced Relationship Quality," *Journal of Personality and Social Psychology* 78, 273-84; Wu, Fang, and Bernardo Huberman（2007）, "Novelty and Collective Attention," *Proceedings of the National Academy of Sciences of the United States of America* 104; Buchanan, K. E., and A. Bardi（2010）, "Acts of Kindness and Acts of Novelty Affect Life Satisfaction," *Journal of Social Psychology* 150, 235-37. 亦可參見「霍桑效應」（Hawthorne effect）研究。

10. Dewsbury, Donald（1981）, "Effects of Novelty on Copulatory Behavior: The Coolidge Effect and Related Phenomena," *Psychological Bulletin* 89, 464-82. 此一效應一定要看情境，而且從未在人類身上做過研究。

11. Miller, Claude（1971）, "Sexual Satiety in the Male Golden Hamster（Mesocricetus auratus）," doctoral dissertation, University of Georgia, Dissertation Abstracts International 1972: Section A, Humanities and Social Sciences（University Microfilms）; and Bunnell, Bradford, B. Boland, and D. Dewsbury（1977）, "Copulatory Behavior of Golden Hamsters（Mesocricetus

auratus)," *Behaviour* 61, 180–205.

12. 「最適刺激程度」(Optimum Stimulation Level)理論，請見：Berlyne, Daniel (1960), *Conflict, Arousal, and Curiosity* (New York: McGrawHill), 12. Maddi, Salvatore, B. Propst, and I. Feldinger (2006), "Three Expressions of the Need for Variety," *Journal of Personality* 33, 82–98. 該論文指出，刺激與喜愛程度之間呈U形關係。刺激太少，太無聊。刺激太多，又太過頭。中庸才是剛剛好。

13. Colman, Andrew, W. Sluckin, and D. Hargreaves (1981), "The Effect of Familiarity on Preferences for Surnames," *British Journal of Psychology* 72, 363–69.

14. Flavell, John, P. Miller, and S. Miller (1985), Cognitive Development (Englewood Cliffs, NJ: Prentice Hall), 101–17; and McCall, Robert, and Paul McGhee (1977), "The Discrepancy Hypothesis of Attention and Affect in Infants," in *The Structuring of Experience*, eds. I. Uzgiris and F. Weizmann (New York: Plenum), 79–210.

15. Simonton, Dean (2006), "Thematic Fame and Melodic Originality in Classical

Music: A Multivariate Computer-Content Analysis," *Journal of Personality* 48, 206-19.

16. Uzzi, Brian, S. Mukherjee, M. Stringer, and B. Jones（2013）, "Atypical Combinations and Scientific Impact," *Science* 342, 468-72.

17. Chan, Cindy, Jonah Berger, and Leaf Van Boven（2012）, "Identifiable but Not Identical: Combining Social Identity and Uniqueness Motives in Choice," *Journal of Consumer Research* 39, 561-73.

18. 此一研究在二〇〇五年進行，當時線上問卷還不像今日這麼普及，幾乎每個人都相信節省經費的說法，有的還幫忙哀嘆學術研究經費不足。

19. Berger, Michael L.（1980）, ***The Devil Wagon in God's Country: The Automobile and Social Change in Rural America, 1893-1929***（Hamden, CT: Archon）.

20. Rindova, Violina P., and Antoaneta P. Petkova（2007）, "When Is a New Thing a Good Thing? The Effects of Technological Change and Product Design on Customer Perceptions of Value Created by Product Innovations," ***Organization Science*** 18, 217-32; Hargadon, Andrew B., and Yellowlees Douglas（2001）,

21. "When Innovations Meet Institutions: Edison and the Design of the Electric Light," *Administrative Science Quarterly* 46, 476–501. 此類物品通常被稱為「仿製品」（skeuomorph），保留設計線索或設計依據的視覺特徵。

## 第5章 來吧，寶貝，點燃我心中的火焰

1. Triplett, Norman（1898）, "The Dynamogenic Factors in Pace-making and Competition," *American Journal of Psychology* 9, 507–33; Strube, Michael（2005）, "What Did Triplett Really Find? A Contemporary Analysis of the First Experiment in Social Psychology," *American Journal of Psychology* 118, 271–86; and Brehm, Sharon, S. Kassin, and S. Fein（1999）, *Social Psychology*（Boston: Houghton Mifflin）.

2. 崔比特提出數種理論解釋這種模式，包括「吸力理論」（suction theory，簡單來講，涉及有騎士破風的空氣動力學）、「激勵理論」（encouragement theory，跟其他人一

起騎可以保持鬥志），以及「大腦憂慮理論」（brain worry theory，獨自一人騎車，或是在競賽中領先時，部分的大腦擔心速度是否快到足以獲勝）。不過崔比特最可信的理論是「動力因素」（dynamogenic factors）：另一名騎士在場引發競爭本能，促使參賽者更努力。

3. Allport, Floyd（1920）, "The Influence of the Group upon Association and Thought," *Journal of Experimental Psychology* 3, 159.

4. Bruce, R.（1941）, "An Experimental Analysis of Social Factors Affecting the Performance of White Rats. I. Performance in Learning a Simple Field Situation," *Journal of Comparative Psychology* 31, 363–77; Simmel, Edward（1962）, "Social Facilitation of Exploratory Behavior in Rats," *Journal of Comparative and Physiological Psychology* 5, 831–33; Stamm, John（1961）, "Social Facilitation in Monkeys," *Psychological Reports* 8, 479–84; Scott, John, and C. McCray（1967）, "Allelomimetic Behavior in Dogs: Negative Effects of Competition on Social Facilitation," *Journal of Comparative and Physiological Psychology* 63, 316–19; Chen, Shisan（1937）, "Social Modification of the

Activity of Ants in Nest-Building," Physiological Zoology 10, 420–36; and Bayer, E.（1929）, "Beitrage zur Zweikomponentheorie des Hungers," ***Zeitschrift für Psychologie*** 112, 1–S4.

5. Pessin, Joseph（1933）, "The Comparative Effects of Social and Mechanical Stimulation on Memorizing," ***American Journal of Psychology***, 45, 263–70; Pessin, Joseph, and Richard Husband（1933）, "Effects of Social Stimulation on Human Maze Learning," ***Journal of Abnormal and Social Psychology*** 28, 148–54; and Rosenbloom, Tova, S. Amit, A. Perlman, D. Estreich, and E. Kirzner（2007）, "Success on a Practical Driver' s License Test with and Without the Presence of Another Testee," ***Accident Analysis & Prevention*** 39, 1296–301.

6. Klopfer, Peter（1958）, "Influence of Social Interaction on Learning Rates in Birds," Science 128, 903–4; Alee, W., and R. Masure（1936）, "A Comparison of Maze Behavior in Paired and Isolated Shell Parakeets（Melopsittacus undulatus Shaw）," ***Journal of Comparative Psychology*** 22, 131–55.

7. Fox, Margalit（2008）, "Robert Zajonc, Who Looked at Mind's Ties to Actions,

Is Dead at 85," ***New York Times***, A42; Gorlick, Adam（2008）, "Robert Zajonc, Pioneer of Social Psychology, Dies at 85, ***Stanford News***, December 11, http://news.stanford.edu/news/2009/january7/zajobit-010709.html; Burnstein, Eugene（2009）, "Robert B. Zajonc（1923–2008）," ***American Psychologist*** 64, 558–59.

8. Zajonc, Robert, A. Heingart, and E. Herman（1969）, "Social Enhancement and Impairment of Performance in the Cockroach," ***Journal of Personality and Social Psychology*** 13, 83. 文獻回顧請見：Zajonc, Robert, "Social Facilitation," ***Science*** 149, 269–74.

9. Markus, Hazel（1978）, "The Effect of Mere Presence on Social Facilitation: An Unobtrusive Test," ***Journal of Experimental Social Psychology*** 14, 389–97.

10. Michaels, J. W., J. M. Blommel, R. M. Brocato, R. A. Linkous, and J. S. Rowe（1982）. "Social Facilitation and Inhibition in a Natural Setting," ***Replications in Social Psychology*** 2, 21–24.

11. 一直到了今日，究竟是什麼因素帶來社會助長，依舊有幾派不同理論。部分派別的討論重點是「驅力」（drive），例如札榮茨一九六五年提出的重要理論便是如此。其他人在場會帶來「激發」（arousal）或「活化」（activation），增加優勢反應的出現，如果是熟練的任務，優勢反應是正確反應，因此我們會做得更好。Michaels, J. W., J. M. Blommel, R. M. Brocato, R. A. Linkous, and J. S. Rowe（1982），"Social Facilitation and Inhibition in a Natural Setting," *Replications in Social Psychology* 2, 21–24.

12. 我們感覺身邊有人的時候，就算不是真的有人（旁邊擺著某個人的照片），也可能出現「社會助長」效應。

13. Cudy, Amy, K. Doherty, and M. Bos（2010），"OPOWER: Increasing Energy Efficiency Through Normative Influence（A），" ***Harvard Business School Case* 911-016**.

14. Nolan, Jessica, P. Schultz, R. Cialdini, N. Goldstein, and V. Griskevicius（2008），"Normative Social Influence Is Underdetected," ***Personality and Social Psychology Bulletin*** 7, 913–23; Cialdini, Robert, and Wesley Schultz（2004），"Understanding and Motivating Energy Conservation via Social Norms," report

submitted to the William and Flora Hewlett Foundation, 1–6.

15. Allcott, Hunt（2011）, "Social norms and energy conservation," ***Journal of Public Economics*** 95, 1082–95.

16. "Opower Utility Partners Save Six Terawatt-Hours of Energy, over $700 Million for Consumers," Opower press release, Jannuary 14, 2015, https://opower.com/company/news-press/press_releases /114.

17. Berger, Jonah, and Devin Pope（2011）, "Can Losing Lead to Winning?" ***Management Science*** 57, 817–27. 考量球賽牽涉多少利益後，這種落後會導致獲勝的現象尤其引人注目。NBA球員打球有錢拿，雖然他們的薪水計算方式不是贏一場比賽可以拿到一次錢，他們的工作和多數工作一樣，一段期間的表現會影響薪資，自己的隊伍贏得越多場比賽，自己最終會領到更多錢。不過雖然比賽攸關數百萬美元薪水，落後依舊更可能贏。

18. 此一問題改編自：Heath, Chip, Richard Larrick, and George Wu（1999）, "Goals as Reference Points," ***Cognitive Psychology*** 38, 79–109.

19. 值得一提的是，某個大整數通常是重要參考點，激勵著人們努力達成目標，例如高中生如果SAT分數只比某個大數字低一點，此時他們再考一次的可能性，勝過略高的時候。例如考了九百九十分的考生，相較於考了一千分的學生，更可能再考一次，雖然九百九十分與一千分幾乎是一樣的，請見：Pope, Devin, and Uri Simonsohn（2011），"Round Numbers as Goals Evidence from Baseball, SAT Takers and the Lab," *Psychological Science* 22, 71-78.

20. Page, Lionel（2009），"The Momentum Effect in Competitions: Field Evidence from Tennis Matches," Econometric Society Australasian Meeting, Australian National University, Canberra, July 7-10, 2009（unpublished）.

21. Kivetz, Ran, O. Urminsky, and Y. Zheng（2006），"The Goal-Gradient Hypothesis Resurrected: Purchase Acceleration, Illusionary Goal Progress, and Customer Retention," *Journal of Marketing Research* 43, 39-58.

22. Brown, Judson（1948），"Gradients of Approach and Avoidance Responses and Their Relation to Level of Motivation," *Journal of Comparative and Physiological Psychology* 41, 450-65; Hull, Clark L.（1932），"The Goal-Gradient Hypothesis and Maze Learning," *Psychological Review* 39, 25-43; and Hull, C.,（1934），

"The Rats' Speed of Locomotion Gradient in the Approach to Food," *Journal of Comparative Psychology* 17, 393–422.

23. Fershtman, C., and U. Gneezy（2011）, "The Trade-off between Performance and Quitting in High-Power Tournaments," *Journal of the European Economic Association* 9, 318–36. 如果是很明顯的直接比較，人們特別容易放棄。參賽者如果一眼就能看出自己相較於他人的表現，稍稍落後時更可能迎頭趕上，然而如果眼見落後太多，就會算了。

24. Tuckfield, Bradford, D. Berkeley, K. Milkman, and M. Schweitzer, "Quitting: The Downside of Great Expectations in Competitions," Wharton School Working Paper（under revision）.

25. Rogers, Todd, and Don Moore（2014）, "The Motivating Power of Under-Confidence: 'The Race Is Close but We' re Losing,'" *HKS Working Paper No. RWP14-047*.

26. Irwin, Neil（2015）, "Why a Presidential Campaign Is the Ultimate Start-up," *New York Times*, June 4, BU1.

## 結語：讓社會影響是好事

1. 鄰里效應文獻眾多，較為近日的回顧整理，請見：Leventhal, Tama, and Jeanne Brooks-Gunn（2000），“The Neighborhoods They Live In: The Effects of Neighborhood Residence on Child and Adolescent Outcomes,” *Psychological Bulletin* 126, 309–37; and Sampson, Robert, K. Morenoff, and T. Gannon-Rowley（2002），“‘Assessing Neighborhood Effects’: Social Processes and New Directions in Research,” *Annual Review of Sociology*, 443–78.
2. 當然答案不是百分之百先天，也不會是百分之百後天。基因與家庭因素可能預先決定一個人會碰上的挑戰，接著環境又讓事情雪上加霜。低收入戶可能比較無力治療ADHD過動兒，地方上的學校又可能缺乏設備與人力，無法特別照顧這樣的孩子。同理，有資源時，人們有能力克服挑戰，高收入地區不僅有較好的學校，孩子要是表現不佳，家長也更有能力提供輔助教學。
3. Kling, Jeffrey, J. Liebman, and L. Katz（2007），“Experimental Analysis of Neighborhood Effects,” *Econometrica* 75, 83–119; Ludwig, Jens, G. Duncan, L.

Gennetian, L. Katz, R. Kessler, J. Kling, and L. Sanbonmatsu（2013）, "Long-Term Neighborhood Effects on Low-Income Families: Evidence from Moving to Opportunity," *National Bureau of Economic Research Working Paper No. 18772*; Katz, Lawrence, J. Kling, J. Liebman（2000）, "Moving to Opportunity in Boston: Early Result of a Randomized Mobility Experiment," *National Bureau of Economic Research Working Paper Number 7973*; Ludwig, Jens, G. Duncan, L. Gennetian, L. Katz, R. Kessler, J. Kling, and L. Sanbonmatsu（2012）, "Neighborhood Effects on the Longterm Well-being of Low-Income Adults," *Science* 337, 1505–10.

4. Chetty, Raj, N. Hendren, and L. Katz（2015）, "The Effects of Exposure to Better Neighborhoods on Children: New Evidence from the Moving to Opportunity Experiment," *National Bureau of Economic Research Working Paper Number 21156*; Chetty, Raj, and Nathaniel Hendren（2015）, "The Impacts of Neighborhoods on Intergenerational Mobility: Childhood Exposure Effects and County-Level Estimates," working paper.

5. 即使算進搬家打亂孩子人生的影響，搬家依舊帶來正面的收入效應。事實上，生活被打亂，可能是「希望移居」對搬家時年齡較長的孩子有些微負面影響的原因，他們不但受新家正面效應影響的時間較短，已經紮根的人生也可能因此被切斷。

big 369
**看不見的影響力：華頓商學院教你看清自己如何受影響，做最好的決定**
（《何時要從衆？何時又該特立獨行？》暢銷慶祝版）

作　　者—約拿・博格（Jonah Berger）
譯　　者—許恬寧
主　　編—陳家仁
編　　輯—黃凱怡
企　　劃—藍秋惠

總 編 輯—胡金倫
董 事 長—趙政岷
出 版 者—時報文化出版企業股份有限公司
108019 台北市和平西路三段 240 號 4 樓
發行專線—（02）2306-6842
讀者服務專線— 0800-231-705、（02）2304-7103
讀者服務傳真—（02）2302-7844
郵撥— 19344724 時報文化出版公司
信箱— 10899 臺北華江橋郵局第 99 信箱
時報悅讀網— http://www.readingtimes.com.tw
法律顧問—理律法律事務所 陳長文律師、李念祖律師
印　　刷—紘億印刷有限公司
初版一刷— 2018 年 5 月 11 日
二版四刷— 2023 年 4 月 10 日
定　　價—新台幣 400 元
（缺頁或破損的書，請寄回更換）



時報文化出版公司成立於一九七五年，並於一九九九年股票上櫃公開發行，於二〇〇八年脫離中時集團非屬旺中，以「尊重智慧與創意的文化事業」為信念。

ISBN 978-957-13-9335-3
Printed in Taiwan

看不見的影響力：華頓商學院教你看清自己如何受影響,做最好的決定/約拿.博格(Jonah Berger)著；許恬寧譯. -- 二版. -- 臺北市：時報文化出版企業股份有限公司, 2021.10
320面；14.8x21公分. -- (big；369)
譯自：Invisible influence : the hidden forces that shape behavior
ISBN 978-957-13-9335-3(平裝)

1.社會壓力 2.社會心理學

541.7　　110013266